✻ 決定版 ✻
幸運を招く！

鏡リュウジの
予兆【サイン】事典

Bring good luck
Kagami Ryuji Encyclopedia of Sign

✻✻✻ 鏡リュウジ ✻✻✻

ぴあ

はじめに
あなたを幸運へと誘導する予兆(サイン)

　ちょっと想像してみてください。入学して初めて校門をくぐろうとする時。初出社日の朝。あるいは、結婚式当日、式場に向かう晴れがましい日。
　もし、空に大きくて眩しい虹がかかっているのが見えたら……。きっとあなたは心の中でつぶやくに違いありません。
　「ああ、なんて幸先がいいんだろう……」と。そして、その先に続く幸福の訪れを、心の深いところで確信するに違いありません。
　きっとそれは、普段占いや魔法などからはほど遠いところで生きていると思っている人でも、同じなのではないかと思います。

　考えてみれば、これは不思議なこと。
　空に虹がかかることは、太陽光の方向と空気中の微細な水滴が織りなす、単なる物理現象です。そのことは今時、小学生でも知っています。

　そして、あなたが就職や結婚といった人生の節目にあるということと、大気圏での物理現象の間には、何の因果関係もありません。そのことはきっと、昔の人も知っていたでしょう。けれど、僕たちはその虹を未来の幸福の「サイン(予兆)」として捉えてしまうのです。

　それは人間の深い心の働きに基づいています。大切なタイミングに現れた虹を吉兆として感じるために、わざわざシンボル事典として名高いガートルード・ジョベス著『神話、民俗伝承、象徴の辞典』

（1962年）をひもといて、「虹は神の存在、希望、平和、救済」を意味すると考えられてきた、なんてことを調べる必要はないのです。

　僕たちの心はこの世界にあふれるメッセージを自然に受け取るようにできています。

　でも、そのメッセージは時にわかりにくいもの。本書では、古い伝承をたどったり、それを現代的に再解釈しながら、身の回りにあるサインを読み解くためのヒントを集めています。

　ふとあなたが目にした、あるいは耳にした、そして感じたあのこと。もしかしたら、それはこの先の幸福の予感や危険のアラートかもしれません。この事典が、あなたの明日を照らすよき友になるよう祈って、本書を送り出します。

Ryuji Kagami

目次
Contents

はじめに …………………………………………………… 002

序章　未来からのサインに気づく …………………… 013
あらゆる場所から聞こえる"メッセージ"に耳を傾けて …… 014
ナチュラル・サイン／アーティフィシャル・サイン ………… 017
サインを得やすいシチュエーション ………………………… 020
本書の使い方 ………………………………………………… 022
Column 1　三叉路の女神ヘカテー …………………………… 023

第1章　ナチュラル・サイン
～偶然の事象が暗示するもの～ …………… 025

ナチュラル・サインは幸運までの近道を教えてくれる …… 026
幸運のサイン ………………………………………………… 028
恋に関するサイン …………………………………………… 029
仕事に関するサイン ………………………………………… 030
お金に関するサイン ………………………………………… 031
人間関係に関するサイン …………………………………… 032
身体に関するサイン ………………………………………… 033
トラブルのサイン …………………………………………… 034
転機のサイン ………………………………………………… 035

第2章 予兆キーワード事典(サイン)
〜メッセージを読み解くヒント〜……………037

【あ】
アーモンド……038
愛人……038
アイスクリーム……038
アイドル……038
青……038
赤……038
赤ちゃん……038
諦める……039
アクシデント……073
握手する……039
悪魔……039
朝……039
足……039
足を組む……039
アスパラガス……039
アスリート……079
汗……039
焦る……041
遊ぶ……040
頭……040
兄……040
姉……040
アボカド……040
天の川……040
雨……040
操り人形……040
謝る……041
アラーム……041
洗う……041
嵐……041
歩く……041
アルコール……071
アルバム……076
荒れる……041
アロマ……049
慌てる……041
哀れむ……041

案内……042

【い】
家……042
イエロー……058
息……042
池……042
医者……042
椅子……042
泉……042
遺跡……042
イチゴ……043
イチョウ……043
偽り……045
射手座……043
糸……043
犬……043
祈る……043
イベント……043
イメージ……043
妹……044
医薬品……062
イヤホン……079
イヤリング……105
イラスト……044
イルカ……044
岩……044
インナー……074

【う】
上……044
ウエイター……044
ウエディングドレス……044
ウェブ……098
魚座……045
ウサギ……045
牛……045
後ろ……045
後ろ姿……080

薄毛……101
ウソ……045
歌……045
打ち明け話……068
宇宙……045
宇宙人……045
馬……046
うまい……048
海……046
産む……046
埋める……046
占う……046
恨む……046
うれしい……123
上着……068
運転……046
運動……046
運動会……047

【え】
エアコン……047
映画館……047
英雄……047
ATM……061
笑顔……126
駅……047
えくぼ……047
エスカレーター……047
エスパー……087
エプロン……048
エレベーター……048
円……048
宴会……099
演奏会……048
エントランス……066

【お】
おいしい……048
王・王子・王女……048

王冠……048
牡牛座……049
嘔吐……100
狼……049
オーケストラ……048
オーダー……086
オートバイ……100
オーロラ……049
お菓子……049
お金……049
悪寒……071
起きる……118
送る……049
お香……049
怒る……049
おじいちゃん・おばあちゃん(祖父母)……082
恐ろしい……069
襲われる……050
落ちる……050
夫……100
お寺……078
弟……049
落とし物……050
お年寄り……125
乙女座……050
踊る……050
お腹……104
同じ人……050
鬼……050
お化け……121
牡羊座……051
お坊さん……051
溺れる……051
お巡りさん……065
おやつ……049
泳ぐ……051
オリーブオイル……051
オレンジ……051

追われる……051	かぼちゃ……056	きゅうり……060	軍隊……111
音楽……051	髪……056	教会……060	
温泉……110	神……056	教科書……060	【け】
	雷……056	教師……081	蛍光色……065
【か】	亀……056	恐竜……060	警察官……065
カーテン……052	仮面……056	嫌い……061	携帯電話……065
貝……052	火曜日……056	嫌いな食べ物……061	芸能人……038
海王星……052	カラオケ……057	霧……061	警報……070
絵画……052	カラス……057	切る……061	ゲート……119
海外……052	ガラス……057	キレる……049	ケガ……058
貝殻……052	彼氏・彼女……067	金……061	劇場……065
外国……052	カレンダー……057	銀……061	消しゴム……065
外国人……052	川……057	銀行……061	化粧品……065
階段……053	考える……057	金星……061	消す……065
怪物……053	観客……087	金曜日……062	血液……085
買う……053	看護師……057		結婚式……066
カエデ……053	元旦……076	【く】	月食……066
カエル……053	観葉植物……057	空港……062	月曜日……066
顔……053	官僚……058	クーラー……047	煙……066
鏡……053		草……062	剣……066
かがむ……076	【き】	くし……062	ケンカ……066
カギ……053	黄……058	くしゃみ……062	玄関……066
書く……054	キー……053	クジラ……062	建設する……084
影……054	気球……058	薬……062	建築中の建物……066
崖……054	ギザ十……058	果物……063	
傘……054	儀式……058	口……063	【こ】
かざす……054	キス……058	靴……063	恋人……067
火事……054	傷……058	靴ひも……063	公園……067
歌手……117	季節……059	首……063	工事……067
風……054	気絶する……059	熊……063	工事中の建物……066
風邪……054	北……059	クモ……063	校舎……055
火星……055	汚い物……059	雲……063	香水……067
仮装……056	キッチン……059	曇り……064	洪水……067
肩……055	キツネ……059	グラス……055	紅茶……067
刀……066	切符……059	クラブ♣……064	コウノトリ……067
楽器……055	キノコ……059	暗闇……064	後輩……068
カッコウ……055	逆三角形……060	グリーン……117	後部……045
学校……055	キャベツ……060	クリスマス……064	コウモリ……068
カップ……055	キャンドル……125	くるぶし……064	声……068
悲しい……055	救急車……060	車……075	コーチ……068
蟹座……055	休憩……120	くるみ……064	コート……068
画鋲……107	救出する……083	グレー……064	コーヒー……068
壁……056	牛乳……060	黒……064	氷……068

ゴールド……061	三叉路……072	十字路……076	スポーツ選手……079
告白……068	サンタクロース……072	修理……076	スポーツ大会……047
呼吸……042		手術……076	スマートフォン……065
腰……069	【し】	出産……046	
故人……074	死……073	障害……056	【せ】
コスプレ……056	ジェットコースター……073	正月……076	性器……080
コップ……055	塩……073	上司……076	逝去……073
子供……069	鹿……073	賞状……093	制服……080
小鳥……069	四角形……073	商人……077	整理……081
ご飯……069	叱られる……073	消防車……077	セール……099
ゴマ……069	四季……059	食事……084	セールスマン……077
ゴミ……069	試験……089	ショッピング……053	背負う……080
米……069	事故……073	ショップ……116	咳……080
殺す……069	地獄……073	書類……077	赤面する……101
怖い……069	獅子座……074	シラサギ……077	セックス……080
壊す……070	死者……074	尻……077	石鹸……080
紺……097	辞書……074	資料……077	切ない……080
コンクール……070	地震……074	シルバー……061	背中……080
コンサート……070	舌……074	汁物……078	セレモニー……058
	下……074	白……077	洗浄……041
【さ】	下着……074	城跡……042	先生……081
彩雲……070	実物……074	信号……077	戦争……081
祭典……115	失神する……059	新札……077	先輩……076
財布……070	嫉妬……075	神社……078	せんべい……081
サイレン……070	失敗……075	心臓……078	
坂……070	自転車……075	新聞……078	【そ】
魚……071	指導者……068		ゾウ……081
削除……065	自動車……075	【す】	送迎……049
酒……071	芝……062	水泳……051	掃除……081
笹……083	縛られる……075	彗星……078	葬式……081
刺す……071	自分……075	水星……078	掃除機……081
蠍座……071	島……075	スイッチ……124	想像……043
殺害……069	締める……118	睡眠……098	僧侶……051
雑誌……071	ジャガイモ……075	水曜日……078	ソーセージ……082
砂漠……071	しゃがむ……076	スープ……078	束縛される……075
サボテン……071	ジャケット……068	スカート……079	卒業式……082
寒気……071	謝罪……041	スギ……079	祖父母……082
サメ……072	写真……076	ストール……115	空……082
皿……072	社長……076	ストッキング……079	
サラダ……072	しゃべる……103	スピーカー……079	【た】
猿……072	ジャンクフード……108	スプーン……079	ダイエット……120
さわる……110	銃……106	スペード♠……079	大会……070
三角形……072	襲撃される……050	スポーツ……046	待機……114

太鼓 …… 082	着信音 …… 090	転職 …… 089	直す …… 076
タイツ …… 079	チャペル …… 060	テントウムシ …… 090	流す …… 093
台所 …… 059	注射 …… 086	天王星 …… 090	流れ星 …… 093
逮捕 …… 082	躊躇 …… 085	天秤座 …… 090	泣く …… 094
ダイヤ◆ …… 082	注文 …… 086	電話の音 …… 090	殴る …… 093
ダイヤモンドダスト・083	蝶 …… 086	【と】	懐かしい …… 094
太陽 …… 083	聴衆 …… 087	ドア …… 091	名前 …… 094
タオル …… 083	超能力者 …… 087	トイレ …… 091	涙 …… 094
滝 …… 083	朝礼 …… 087	塔 …… 091	悩む …… 094
タクシー …… 083	チョコレート …… 087	同一人物 …… 050	【に】
竹 …… 083	治療 …… 076	洞窟 …… 091	苦手な食べ物 …… 061
凧 …… 083	【つ】	同情 …… 041	ニキビ …… 094
助ける …… 083	月 …… 087	道路 …… 116	憎い …… 094
叩く …… 093	（下弦の月）…… 087	遠ざかる …… 091	肉料理 …… 094
ダッシュ …… 101	（新月）…… 087	通りすがりの人 …… 091	西 …… 095
竜巻 …… 084	（上弦の月）…… 088	時計 …… 091	虹 …… 095
建てる …… 084	（満月）…… 088	図書館 …… 091	日曜日 …… 095
谷 …… 084	（スーパームーン）	土星 …… 092	日記 …… 095
タスキ …… 084	…… 088	トップ …… 076	日食 …… 095
楽しい …… 084	机 …… 088	怒鳴られる …… 073	入学式・入社式 …… 095
タバコ …… 084	ツバメ …… 088	隣の席 …… 092	乳房 …… 095
旅 …… 124	妻 …… 100	扉 …… 091	ニラ …… 095
食べる …… 084	爪 …… 088	飛ぶ …… 092	にらむ …… 096
卵 …… 084	【て】	トマト …… 092	人魚 …… 096
玉ねぎ …… 085	手 …… 088	友達 …… 121	人形 …… 096
ダム …… 085	定期券 …… 089	土曜日 …… 092	ニンジン …… 096
ためらう …… 085	テーマパーク …… 121	トラ …… 123	ニンニク …… 096
タワー …… 091	手鏡 …… 089	ドライブ …… 046	妊婦 …… 096
誕生日 …… 085	手紙 …… 089	ドラゴン …… 092	【ぬ】
ダンス …… 050	デスク …… 088	トラブル …… 066	ぬいぐるみ …… 096
【ち】	テスト …… 089	トランプ …… 092	ヌード …… 102
血 …… 085	手帳 …… 095	鳥 …… 092	脱ぐ …… 096
チーズ …… 085	デパート …… 089	トルネード …… 084	沼 …… 097
地下室 …… 085	手袋 …… 089	トロフィー …… 093	濡れる …… 097
地下鉄 …… 086	テレビ …… 089	泥棒 …… 093	【ね】
チキン …… 094	店員 …… 044	曇天 …… 064	ネイビー …… 097
チケット …… 059	電気 …… 123	トンネル …… 093	願う …… 043
遅刻 …… 086	転校 …… 089	【な】	ネギ …… 096
地図 …… 086	天国 …… 090	ナース …… 057	ネクタイ …… 097
父 …… 086	天使 …… 090	内緒 …… 107	猫 …… 097
チャイム …… 086	電車 …… 090	ナイフ …… 093	
茶色 …… 110			

ネズミ	097	パソコン	102	飛行場	062	不倫	038
妬み	075	肌	102	膝	106	ブルー	038
寝違える	097	バター	102	日差し	083	フルーツ	063
ネックレス	098	裸	102	美術館	101	ブルーモーメント	110
ネット	098	働く	102	美術品	052	フレグランス	067
寝る	098	蜂	102	ピストル	106	プレゼント	110
		はちみつ	103	左	106	ふれる	110
【の】		×印	103	引っ越し	107	風呂	110
ノート	098	発熱	054	羊	107		
ノスタルジック	094	鳩	103	ヒノキ	107	【へ】	
喉	098	パトカー	103	皮膚	102	ペア	110
登る	098	花	103	秘密	107	ヘアスタイル	056
飲む	098	鼻	103	ひも	043	ヘアピン	111
乗り継ぎ	099	話す	103	百貨店	089	ヘアブラシ	062
		花火	103	電	107	兵隊	111
【は】		離れる	091	病院	107	へそ	111
歯	099	羽	104	ピン	107	ベッド	111
バーゲン	099	母	104	ピンク	107	蛇	111
パーティー	099	腹	104	ピン札	077	部屋	111
ハート♥	099	パラシュート	104			ベル	111
バーベキュー	099	春一番	104	【ふ】		べろ	074
パープル	099	バルーン	058	ファストフード	108	ペン	111
灰色	064	パワースポット	104	不安	108	変身	112
バイク	100	パン	104	風船	108	ペンダント	098
配偶者	100	ハンカチ	104	笛	108	弁当	112
パイロット	100	ハンドソープ	080	部下	068	便秘	112
墓	100	ハンドバッグ	105	フクロウ	108		
破壊する	070	氾濫	067	ブザー	108	【ほ】	
吐く	100			富士山	108	ホイッスル	108
拍手	100	【ひ】		豚	109	ほうき	112
爆弾	100	火	105	舞台	065	帽子	112
白鳥	100	ピアス	105	双子	109	坊主	051
博物館	101	ピーナッツ	105	双子座	109	宝石	112
ハゲる	101	ビーフ	094	仏像	109	暴走	112
化物	053	ビール	105	太もも	109	包丁	093
はさみ	101	ヒーロー	047	太る	109	ボードゲーム	113
橋	101	東	105	布団	111	ボールペン	111
はしゃぐ	101	光	105	船	109	ほくろ	113
パジャマ	101	引き返す	106	踏み切り	109	歩行	041
走る	101	ピクニック	106	踏む	110	星	113
恥じる	101	ひげ	106	不用品	069	ボタン	113
バス	102	飛行機	106	ブラウン	110	ホテル	113
パスタ	102	飛行機雲	106	ブラック	064	仏	056

骨 …………… 113	ミュージシャン …… 117	友人 …………… 121	【る】
ポプラ ………… 113	苗字 …………… 094	郵便配達員 …… 121	ルームウェア …… 101
ボルドー ……… 113	ミルク ………… 060	UFO …………… 121	
ホワイト ……… 077	【む】	夕焼け ………… 121	霊柩車 ………… 124
本 ……………… 114	無意味 ………… 117	幽霊 …………… 121	レシート ……… 125
本棚 …………… 114	ムカつく ……… 094	愉快 …………… 084	レタス ………… 060
【ま】	虫 ……………… 118	雪 ……………… 121	列車 …………… 090
埋葬する ……… 046	結ぶ …………… 118	ユニフォーム … 080	レッド ………… 038
前 ……………… 114	胸 ……………… 095	指 ……………… 122	レモン ………… 125
前掛け ………… 048	紫 ……………… 099	指輪 …………… 122	【ろ】
巻く …………… 114	【め】	弓矢 …………… 122	老人 …………… 125
松 ……………… 114	目 ……………… 118	夢 ……………… 122	ロウソク ……… 125
待つ …………… 114	冥王星 ………… 118	【よ】	労働 …………… 102
まつ毛 ………… 114	メイク道具 …… 065	容姿 …………… 053	ロケット ……… 125
マップ ………… 086	迷路 …………… 118	妖精 …………… 122	【わ】
祭り …………… 115	メール ………… 089	汚れ …………… 059	ワイン ………… 125
窓 ……………… 115	メガネ ………… 118	ヨット ………… 122	別れる ………… 126
マニュアル …… 060	目覚まし時計 … 041	四つ葉のクローバー	罠 ……………… 126
マフラー ……… 115	目覚める ……… 118	…………… 122	ワニ …………… 126
豆 ……………… 115	メリーゴーランド … 119	予定 …………… 123	笑う …………… 126
眉毛 …………… 115	麺 ……………… 102	鎧 ……………… 123	【数字】
迷う …………… 115	【も】	喜ぶ …………… 123	1 ……………… 126
マリンブルー … 115	木星 …………… 119	【ら】	2 ……………… 126
丸 ……………… 048	木曜日 ………… 119	ライオン ……… 123	3 ……………… 126
【み】	元カレ・元カノ … 119	ライト ………… 123	4 ……………… 127
見送る ………… 116	ものもらい …… 119	ライブ ………… 070	5 ……………… 127
未確認生命体 … 045	門 ……………… 119	落書き ………… 044	6 ……………… 127
みかん ………… 051	【や】	ラジオ ………… 123	7 ……………… 127
右 ……………… 116	山羊座 ………… 120	落下 …………… 050	8 ……………… 127
見知らぬ異性 … 116	焼く …………… 120	落花生 ………… 105	9 ……………… 127
見知らぬ同性 … 116	ヤシ …………… 120	【り】	0 ……………… 127
ミス …………… 075	野獣 …………… 120	リス …………… 124	ゾロ目 ………… 127
水瓶座 ………… 116	休む …………… 120	リモコン ……… 124	
水をこぼす …… 116	ヤセる ………… 120	龍 ……………… 092	
店 ……………… 116	破る …………… 120	両親 …………… 124	
道 ……………… 116	山 ……………… 120	料理 …………… 124	
未知の場所 …… 117	【ゆ】	旅館 …………… 113	
緑 ……………… 117	遊園地 ………… 121	旅行 …………… 124	
南 ……………… 117		リング ………… 122	
耳 ……………… 117		リンゴ ………… 124	
耳鳴り ………… 117			

Column2　重要な予兆(サイン)を得やすいシーン ……… 128

第3章　アーティフィシャル・サイン
～自発的に得る予兆～　131

ジオマンシー占いで具体的な悩みの答えを求める ……… 132
ジオマンシー占いのやり方 ……… 134
ポピュルス　Populus ……… 136
アルブス　Albus ……… 138
アミッショ　Amissio ……… 140
プエル　Puer ……… 142
ルベウス　Rubeus ……… 144
プエラ　Puella ……… 146
コンジャクショ　Conjuncito ……… 148
フォルチュナ メジャー　Fortuna major ……… 150
ラティティア　Laetitia ……… 152
トリスティティア　Tristitia ……… 154
カルサー　Carcer ……… 156
アクウィッシュ　Acquisitio ……… 158
ヴィア　Via ……… 160
フォルチュナ マイナー　Fortuna minor ……… 162
カプト・ドラコニス　Caput Draconis ……… 164
カウダ・ドラコニス　Cauda Draconis ……… 166
Column3　簡単なアーティフィシャル・サインの受け取り方 ……… 168

あとがき ……… 170
ジャンル別INDEX ……… 172

序章
Prologue

未来からのサインに気づく

あらゆる場所から聞こえる"メッセージ"に耳を傾けて

「目に映るすべてのことはメッセージ」(『やさしさに包まれたなら』)。シンガーソングライター、ユーミン(松任谷由実)さんのこの歌詞をあなたもきっとご存知でしょう。

このひと言ほど、占いや予兆の感覚をうまく表現している一節を他に僕は知りません。

そうなのです。僕たちは心の深いところで、この世界のすべてがメッセージだと捉えるようにできています。それは、先の「はじめに」で書いた虹の例を考えれば、ご理解いただけるのではないでしょうか。

たとえ科学的に考えればそれは思い込みやこじつけにすぎない、ということがわかっていたとしても、やっぱり僕たちは虹を祝福だと感じてしまいます。それはもう、人間の本能と言ってもいいのでしょう。

そして、不思議なことに、そうした予兆の感覚は、しばしば「よく当たる」のです。

そのメカニズムを合理的に説明しようとするなら、それこそ実に様々な理由が考えられます。もっともドライな考えは、予兆なんかは完全に思い込みで、「当たった」と思える記憶だけが印象づけられるので、そういう迷信が生き残るのだ、というもの。

あるいは、僕たちにはいまだ科学では解明できていないESP（超感覚）があって、未来の予兆を深いところで感じているのだという説。
　さらには心理学者、カール・グスタフ・ユングの言うシンクロニシティ（共時性）の原理が存在していて、意味のある偶然の一致は僕たちが想像している以上によく起こるのだ、という説……。

　でも、「サイン」のメカニズムは、実際には解明しつくされたと言い難いでしょう。もちろん、僕だって、そのメカニズムをわかっている、なんて「知ったかぶり」をするつもりもありません。

　ただ、ここでご紹介したい、古代から知られている考え方があります。これが正しい、というからではなく、昔の人が一生懸命考え、何とかこの世界を説明しようとしてきたモデルであって、しかもそれがとても美しいと僕が感じているから、です。

　それは「シンパシア」。訳すると「共感」です。そう、それは今の英語の「シンパシー」と語源を同じくしています。
　それは本来、シン（共に）パシア（起こる、ないし受ける）という意味でした。
　単純な因果関係だけではなく、この世界、宇宙全体が目に見えない複雑なネットワークで結ばれていて、原因と結果の関係がなかったとしても、同じような意味を持つことは、この世界で同期する、

同じようなタイミングで起こるというのです。

　15世紀フィレンツェの哲学者マルシリオ・フィチーノはこのように言います。小さな女の子が泣いているのを見て、自然に悲しくならないような人間がいるだろうか、と。たとえその女の子が悲しくなる理由を知らずとも、その女の子と見ている自分の心がシンクロし、共鳴し合って、「シンパシー」が起こるのです。それと同じことがこの世界と心の間でも起こっているのだ、と。

　後にこの考え方は、小宇宙である人間、そして人間の心と、大宇宙が相似形で、まるで鏡のように互いを反映しているという、「万物照応（コレスポンデンス）」という世界観へと発展していきます。

　占星術やあらゆる占いは、このすべての出来事が照応し合っているのだという考えに基づいて行われています。
　サイン（予兆）はあなたの心と、外側の世界とのシンパシーによってもたらされる、というわけです。

ナチュラル・サイン／
アーティフィシャル・サイン

　東洋では占いを「命卜相」の3つのカテゴリーに分けていることはよく知られています。生年月日に基づく四柱推命などの「命」術、易など偶然性に基づく「卜」術、そして手相や人相などの「相」術です。

　一方で、西洋でも占いを2種類に分けて考えてきました。これはローマの哲人、マルクス・トゥッリウス・キケロが論じたものです（キケロは占いに批判的でしたが……）。

　西洋では占いは「自然の」占い（ナチュラル・ディヴィネイション）と「人工の」占い（アーティフィシャル・ディヴィネイション）の2つに分類することが伝統です。そしてこれは予兆、サインにおいても言えます。

　「自然の」占いは、勝手に向こうから送られてくる予兆に基づくもの。典型は夢占いです。人は普通、いつ、どんな夢を見るかは意識的には決められません。予想もしない時に意外な夢を見るわけですね。そして、その中に意味を見出す。あるいは突然、虹が出たり、流星が流れたりする。時には神々が直接、言葉や幻でメッセージを送ってくる。

　これは神々からのダイレクトなメッセージだと考えられました。いわゆる「予兆」、本書でのサインは概ね、「ナチュラル・サイン」

と言えるでしょう。

　それは確かにパワフルで正確だけれど、1つ弱点があります。それは、何か自分が困った時、すぐにはその予兆が現れるかどうかわからない、ということです。

　そこで人は人為的に予兆、サインを招き入れる技術を開発しようとしました。そう、「人工の」占いです。
　星の動きを法則化し、そこにサインを見る。これは占星術ですね。ダイスを投げてその目でサインを読み取ろうとする、となるとダイス占いです。

　占星術やタロット、手相など、ほとんどの今で言う「占い」がこの中に含まれます。本書では、ナチュラル・サインの他に、いざという時にはあなたがすぐに使えるよう人工のサイン、「アーティフィシャル・サイン」も含めるようにしておきました。それが第3章に当たります。

　さあ、ここからが本番。合理のメガネをちょっと外して、古代からのサインを読み取るメガネにかけ替えましょう。そして、明日のあなたの幸せのサインを探しに行きましょう！

まずは、サインを得やすいシチュエーション（P020〜）を紹介していきます。そして本書の使い方（P022）を確かめたなら、予兆が暗示するものを調べて、幸運への手がかりにしてください。きっと、理想の未来までの道のりが見えてくるはずです！

サインを得やすいシチュエーション
Situations easy to obtain sign

✳ トワイライト（薄明かり）の時間

「時間の境目」に見つけた予兆は、重要なメッセージであることがほとんど。特に昼から夜へと移行していく黄昏時は、もっともサインが降りてきやすい時間帯です。トワイライトは日本では逢魔が時とも言われ、神秘的な事象が起きやすい時間なのです。節句や誕生日など時間の節目にも、重大なサインを受け取りやすいでしょう。

✳ 旅行の前

日常と非日常の境界線である旅行の直前は、サインに敏感になる時。準備中にふと気になったことや出発の朝に目に入ったものが、重要な何かを示しているかもしれません。また旅先でも、日常を幸運に過ごすためのヒントとなる予兆を見つけやすいはず。

✳ 結婚式の前

1人の人生から、2人の人生へ。人生の中でもっとも太い境界線の上からは、幸せな未来へのヒントがよく見えます。また、自分以外の結婚式の前も、予兆を見つけやすいでしょう。式に向かう途中の景色、久しぶりに会う友人の何気ない言葉には意味があるのです。

✳ 大事な話を している時

何かを変えるための議論の時間は、"これまで"と"これから"の分岐点。そこには大切なヒントが隠れています。会議の途中に携帯電話の音が鳴ったり、サイレンが聞こえたりしたら、何かへの警告。気になる事象があったなら、すぐに調べて対策を立てましょう。

✳ 交差点を 横断している時

道と道との境目である交差点もまた、予兆の宝庫と言えるでしょう。特に、スクランブル交差点を渡る時はチャンス。横断中に見えたものや聞こえた音の意味を調べてみて。すれ違った人の言葉が何かを教えていることも。幸運へと近づくヒントが得られるはず。

✳ 歩道橋を渡る時

橋の上やたもとは、もっとも予兆を見つけやすい場所です。今でもそうですが、特に江戸時代には橋の近くに多くの占い師が構えていました。いわゆる辻占です。それは、橋が目に見える世界と見えない世界の架け橋でもあるから。スピリチュアルなパワーがみなぎっているのです。重要なメッセージが降りる場所と覚えておいて。

本書の使い方
How to use

☑ 偶然の予兆(サイン)を感じ取った時

第1章　「ナチュラル・サイン」(P025〜)、
第2章　「予兆キーワード事典」(P037〜)へ！

　「第1章　ナチュラル・サイン」では、偶然の予兆の代表例を紹介します。「第2章　予兆キーワード事典」は、あらゆる人や時、場所、事象などが何を暗示しているのかがわかるキーワード事典です。思いがけない事象、あるいは気になった物事は、五十音索引(目次／P005〜)もしくはジャンル別INDEX(P172〜)から調べましょう。その意味と幸運へのヒントがわかるはず。

☑ 自分から予兆(サイン)を得たい時

第3章　「アーティフィシャル・サイン」(P131〜)へ！

　迷いや悩みの答えを"偶然"に委ねると、往々にしていい結果へと導かれるはず。そこで、自分から"偶然"を求める手段があります。実は、それこそが占星術をはじめとした「占い」なのです。本書では、16の答えを導き出せる「ジオマンシー占い」をピックアップしています。ここを読めば、恋や仕事、あらゆる場面で正しい選択ができるようになるでしょう。

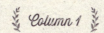

予兆を伝え幸運へと導く?
三叉路の女神ヘカテー

ひそかに人間を幸運へとナビゲートする存在

　予兆とはすなわち未来からのメッセージです。では、その声の主は誰なのでしょうか？　一概に言えるものではありませんが、魔術を操る夜の女神・ヘカテーがその1人かもしれません。
　ヘカテーは「直感力」を司る神様です。そのパワーは、全知全能の神・ゼウスより特別に授けられたもの。それを利用して、人間を幸運に導くメッセージを送っている、神秘の存在だったのです。占いや魔法の歴史にも密接に関わっています。
　ヘカテーに関連する神話や逸話にふれると、直感力がアップ！　予兆を得やすい体質になるので、ぜひ調べてみて。

ヘカテーはどこに現れる？

　夜になると、前述の通り予兆を得やすい場所である交差点、三叉路や十字路に犬を連れて現れます。3つの顔を持っており、過去・現在・未来、3つの視点から幸運のアドバイスを導き出してくれるのです。

第１章

ナチュラル・サイン
Natural Sign

〜偶然の事象が暗示するもの〜

ナチュラル・サインは
幸運までの近道を教えてくれる

　さて、ここでは暗示する内容別にナチュラル・サインを紹介しましょう。とはいえ、これらはあくまで一例。世の中には無数のサインが転がっているのです。偶然あなたの前に現れた事象、気になった物事。それらは、第2章の「予兆キーワード事典」(P037〜)で検索してみましょう。ここでは、検索結果をどのように解釈するかを例示していると思ってください。

　例えば、とある爽やかな朝。カーテンを開けてふとベランダに目をやると、小さな鳥が降りてきたとします。

　早速、「小鳥」(P069)を検索してみましょう。するとそこにはこう書いてあります。「幸運が舞い込む予兆。特に、恋に関する素敵な出来事がありそう(後略)」。

　何とうれしい知らせなのでしょう。ただし、一喜一憂するよりも、情報を活かして、生活に役立てられるとより効果的です。今日は恋が始まるかもしれないのだから、いつもよりメイクやファッションに気合いを入れましょう。可能性がグンとアップするはずです。

　ただし、ナチュラル・サインをひもとくにあたって留意してほしいことが2つあります。

1つは、自分の状況に当てはめて解釈してほしいということ。例えば、検索結果が「パートナーとのトラブル」だったとしても、恋人とは円満な状況だという人もいるでしょう。パートナーが恋人や配偶者だけとは限りません。それはビジネスパートナーかもしれませんし、趣味でやっているスポーツのペアかもしれません。その中で、あなたが現実で些細な異変を感じ取っている相手とのトラブルを予感させているのです。

　2つ目は、あまりにすべてをサインだと思わないこと。あくまで"偶然"の事象に意味を求めてください。日常的なことや強く心に引っかからない物事には、重要なメッセージはありません。
　逆に、サインを得やすいシチュエーション（P020〜）、12星座別重要な予兆を得やすいシーン（P128〜）のような場合は、ぜひ参考にしてください。

　正しく、そして賢くナチュラル・サインをひもとけば、幸せな未来までの近道が見えてくるはずです！

幸運のサイン
A sign of fortune

✳ 流れ星を見た！

理想の環境やパートナーを手に入れる暗示です。好きな人との恋が成就したりプロポーズされたり、昇進やヘッドハンティングにも縁が。やることなすこと運が味方してくれるので、アクティブに動くこと。ワンランク上の世界から手招きされています。

✳ 手を切ってしまった……

意外にも幸運をもたらす吉兆。血の入れ替えで、新しい流れがやってくるのです。恋や仕事がうまくいっていないなら、解決のヒントが見つかる前ぶれ。順調なら、さらにグレードアップする暗示。恋人から夫婦になるように、何かが1歩前進するでしょう。

✳ 亀を飼っている家に招かれた

いよいよ目標を達成できるようです。仕事で成果を挙げたり、関係を温めてきた恋が実ったりする予感。試験やオーディションでいい結果が出る暗示でもあります。目の前に大きな幸運が待っているので、最後に手を抜かないように注意して。

✳ コンビニでスプーンを多めにもらった

思わぬ幸運を"すくい上げる"吉兆です。臨時収入や、一度諦めたことに再びチャンスが訪れるなど、想定外の幸運に恵まれます。下ばかり見ていると、せっかくの幸運も見逃してしまうので、前向きに過ごして。それだけで、大きな収穫を得られるはず。

恋に関するサイン
A sign about love

✹ 小鳥が目の前に降り立った

新しい恋の始まりを告げる合図です。好きな人がいないなら、素敵な出会いに恵まれる予感。好きな人がいるのなら、距離が急接近する出来事がある暗示。いつもより気合いを入れたメイクやファッションで出かけましょう。運命の時が、繰り上げでやってくるはず。

✹ 高級化粧品をもらった

自分史上一番のモテ期が訪れる予感。今、仕事だけに時間を割くのはもったいない！　積極的に出会いの場へ足を運んでみて。戦の数が勝利の数のような運気です。同僚や、友達だと思っていた異性がアピールしてくる場合も。この機にモノにしないと、後悔するかも。

✹ 頼んでいないオレンジジュースが……

過去の恋愛から解放される兆し。失恋から立ち直るきっかけや、元恋人よりも好きになれる人に巡り会えるでしょう。「今までの悩みは何だったんだろう」と思えるほどの幸せが待っています。下を向いていないで、横を見てみて。相手は意外と近くにいそうです。

✹ 余興でダンスを踊ることになった

周囲にあなたが色っぽく映る暗示。「大人な関係」の恋を味わうかもしれません。一夜限りの関係だったり、誰かの愛する人を奪ってしまいたくなったり……。相手がいる場合は、マンネリ解消のサイン。愛を再確認できるハプニングがあるので、別れの決断は少し待って。

仕事に関するサイン
A sign about work

✲ 蜂に刺される

企画したことや任されたことに、実力以上の結果を出せる予感。周囲の声に惑わされないでOK。自信を持って進めてください。過去最高の成績を挙げられるかも。昇進や希望部署への異動でおいしい思いをする場合も。一目置かれる存在になりそうです。

✲ エアコンが故障する

意外なところからスカウトされる可能性があります。異業界からヘッドハンティングされたり、趣味だったことが評価されて仕事につながったりするかも。思い切ってチャレンジしてみると吉。それは、成功を掴んだ未来のあなたからの招待状なのですから。

✲ カラオケでマイクを渡される

アピールするほど、高評価を得られる予兆です。たとえ仕事に直結しない考えや特技でも、どんどん発信しましょう。気に入られたり改革の機運が高まったり、心強い味方ができる時。特に上司へのコンタクトは積極的に。出世やボーナスの査定にも影響を与えるはず。

✲ 不意にドキッとすることが……

収入や地位よりも、"やりがい"にピントが合ってくる予感。そのため、転職や独立を視野に入れることになるかも。「誰かの役に立っている」と感じられる仕事と縁がありそうです。今浮かんだアイデアは、人を笑顔にするパワーがあるので、迷わず実行して。

お金に関するサイン
A sign about money

✳ ご飯をおかわりする人を見る

何もしなくてもお金が舞い込むような、最高の金運が巡っています。思いがけない臨時収入を得たり、高価なプレゼントをもらうことがありそう。遠慮せず"おねだり"してみると効果的です。勝負事にもツキあり。アグレッシブになるほど財布が潤うでしょう。

✳ 縁がギザギザの十円玉をもらう

縁に多数の溝がある十円硬貨（ギザ十）を手に入れるのは吉兆。昇進や、会社の業績が劇的によくなる兆し。あるいは好条件の転職先を見つけられるかも。貯金よりも、使うことを優先すると◎。暮らしの質が向上するため、心に余裕ができます。

✳ 会議中に無意識に足を組んでしまう

新たな収入源を見つける暗示。例えば、投資やネット通販などの副業で利益を出したり、趣味が本業に転じて収入が上がったり。意外な才能が開花するでしょう。ただし、もし足組みを注意されたなら、「思い切った決断は避けて」というメッセージなので注意して。

✳ レシートを拾う

お金に関するトラブルを招いてしまうかも。今は、大きな買い物や契約は避けましょう。また、無駄な出費が増える暗示でもあります。気づいた時には、貯金の残額の０が１つ足りない……なんてことも。財布のひもを締めなさい、という天からの警告と心得て。

人間関係に関するサイン
A sign about relationship

✴ 店員が知っている人だった

その人が仲のいい人なら、身の回りの人間関係が円滑になる暗示。あらゆる言動が、いつもより好意的に受け入れられそうです。一方、仲の悪い人だったなら、誰かに悪い噂を立てられるかも。今はそっとしておくほうが吉。近いうちに潔白が証明されます。

✴ サボテンを育てることになる

所属のコミュニティ内で、ケンカや揉め事が起こると警告しています。当事者になるよりも、仲介の役が回ってくる可能性が。大切なのは先入観を持たないこと。一見被害者のようでも、加害者かもしれません。偏った意見をすると、あなたまで信頼を失うので慎重に。

✴ スープの無料券をもらう

人気者になるきっかけがありそうです。職場のイベントで目立ったり、ちょっとした親切が噂となって広がったりするかも。たとえ偽善であっても、あなたの発した「優しさ」はすべてヒットするでしょう。今好感度を稼いでおけば、未来のあなたが楽をできるはず。

✴ 官僚の知り合いができる

クールな人間関係ができる暗示。適度な距離感を心地よく感じる場合もありますが、本心を打ち明けにくいというジレンマも。1歩踏み込めば、相手も心を開いてくれます。主導権はあなたにあるようなので、思い切って距離をつめてみては？

身体に関するサイン
A sign about body

✳ 寝起きにカラスの鳴き声を聞く

病気やケガの可能性を警告している凶兆。今日は思わぬハプニングがあるかもしれないので、薬を携帯しておきましょう。また、いつもより効率的に動けないかも。プラスを生むより、マイナスを出さないことを意識して動くほうが生産的です。

✳ 不意に走らされて汗をかく

不調が回復に向かう兆し。まとまった休みが取れたり、腕のいいマッサージ店に巡り会うような、"集中ケア"の時間が与えられそう。また、不安が杞憂に終わる暗示でもあります。再検査で異常がなかったとわかるかも。心が晴れて、前向きに過ごせるように。

✳ 家の近くに病院ができる

病院を目にする機会が増えたなら、心身に少し疲れがたまっているのかも。一度休みなさいというメッセージです。無理をすると長期離脱につながることに。「何もしないで家で1日過ごす」だけもOK。肝心なのは、スピーディーな流れを、いったん止めること。

✳ 誰かに悩みを打ち明けられる

メンタルが不安定になる暗示。身の回りでショックな出来事が起きたり、世間の大きな事件に動揺するかもしれません。でも実は、あなたの生活に大きな影響を与えるものではないのかも。感傷的になりすぎないよう、ポジティブな音楽や映像にふれると◎。

トラブルのサイン
A sign of trouble

✳ 救急車が近隣に停まる

人に助けを求められることが。おしどり夫婦と思っていた相手から離婚の相談をされるような、"想定外"の事件を知らせています。反面、いい意味でのトラブルの可能性も。商品の注文が殺到してサーバがダウンするような、うれしい悲鳴が聞こえてきそうです。

✳ 偶然見たドラマで人が刺されるシーンが……

ずっと一緒だった人が、急に遠くへ行ってしまう予兆。恋人から別れを告げられたり、尊敬する上司が転勤になったりするかも。喪失感に浸っていると、自分を見失ってしまいます。別れた人ではなく、現れた人に目を向けて。マイナスなんてなかったと気づくはず。

✳ 人魚モチーフのアイテムをもらう

自虐的になって人と衝突する予感。でも、あなたの劣等感は特別なものではありません。相手も同じものを持っています。「私なんて……」と勝手に壁を作ることは、「あなたと一緒にしないで！」と傲慢に突き放すことと、実は同じだと覚えておきましょう。

✳ テレビのリモコンが行方不明になる

家庭や頻繁に顔を出すコミュニティなど「ホームグラウンド」で、難しい問題が発生する予兆。子育てや介護に関する悩み、趣味サークルの存続問題など、すぐには答えは出せないテーマのようです。当事者間だけで悩まず、専門家や第三者に頼るほうが吉。

転機のサイン
A sign of turning point

✳ 新しい靴を履く

停滞していた日々の終わりと、大きなチャンスの訪れを暗示しています。憧れていた人と懇意になったり、念願だった企画が通ったりするかも。"決勝進出"というイメージ。運気が味方し始めるので、何事もアグレッシブな姿勢がいい結果を生むでしょう。

✳ 結婚式の光景を見かける

思い込みを捨て、何でも試したくなる暗示。アナログだった人が最新のアプリを取り入れて、一気に効率化を実現するような、劇的な変化があなたにも訪れる予感。苦手な人や敬遠している人と手を結べば、互いに大きな利益が出せることも。

✳ 歯が抜ける／欠ける

人生の"土台"が崩れる経験をするかもしれません。長期的なプランが中止になったり変更を余儀なくされるような事態に陥る可能性が。その時初めて、別の選択肢があることに気づきます。実は、今までの自分では想像できなかった道を歩めるチャンスなのです。

✳ 通勤路が工事期間に入る

引っ越しや模様替えを考え始めるサイン。新しい世界への意欲が満ちてくるようです。強制的な変化を起こすことで、抱える問題がリセットされる予感。今決断すると、新天地で素敵な出会いや成功を掴めるでしょう。未知の場所や住んだことのない間取りが吉。

第2章

予兆(サイン)キーワード事典
Encyclopedia of Sign Keyword

〜メッセージを読み解くヒント〜

【あ】(a)

アーモンド

例えば…
- 美容のためにとすすめられる
- アーモンドチョコの差し入れ
- 隠し味として紹介される

「目」の形のアーモンドをよく見かけるのは、人の視線を敏感に察知している証。危機管理能力が高まり、うまくトラブルを回避できそう。アーモンドチョコは、「恋」の視線を受ける予兆。優しく見つめ返して。

愛人 不倫

例えば…
- 既婚者と距離が近づく
- 不倫の相談を受ける
- ゴシップ記事ばかり目にする

自分自身や日常に変化が訪れるサイン。実際の不倫問題はさておき、相手や渦中の人のキャラクターや振る舞いに、成長のヒントが隠されている。自己改革でワンランク上のステージを目指せるチャンス。

アイスクリーム

例えば…
- アイスのCMばかり目に入る
- コンビニくじで当たる
- アイス専門店に誘われる

仕事や家事優先で、プライベートが犠牲になりそう。しかし、それが生活リズムを見直すきっかけに。休日は仕事のことを考えないなど、オンとオフの切り替えを意識すれば、公私共にいい成果を出せるはず。

アイドル 芸能人

例えば…
- テレビをつけた瞬間にいつも同じタレントが映る
- 同じ人のファンとばかり知り合う

目の前のことを投げ出してしまう予兆。状況を整理し、順序立てて解決策を練ってみて。また恋愛において、異性への理想が高くなりすぎているサイン。等身大で話せる相手が実は運命の人、なんてことも。

青 ブルー

例えば…
- ふと青い空に見惚れる
- 青い車が1台だけ通る
- 信号に引っかからない

おおいなる可能性を示す、天からのエール。迷っていることがあるなら、思い切ってチャレンジするといい結果に。また、冷静になる暗示でもある。ヒートアップしていた心、あるいは事態が沈静化しそう。

赤 レッド

例えば…
- 赤い食べ物ばかり出てくる
- レッドカードのシーンを見る
- やたらと信号に引っかかる

オーバーヒートのサイン。意中の人や恋人に深くのめり込んだり、仕事でモチベーションが上がったりする予感。ポーカーフェイスでいるより、感情を前面に出したほうがいい結果につながると覚えておいて。

赤ちゃん

例えば…
- 電車内で赤ん坊と目が合う
- 久々に会う友人が"おめでた"
- ベビーショップの前で足が止まる

人生の新たな幕開けの予感。ヘッドハンティングや映画のような出会いなど、思いがけないきっかけが。ただし、泣いている赤ちゃんが気になるのは、計画が頓挫するサイン。いったん足を止めて、再検討を。

諦める	例えば… ・欲しかった物が売り切れに ・意中の人に恋人ができる ・予定をキャンセルする

どうしても手放したくないと思えるほどの、恋人や仕事と巡り会える予感。理想の出会いに恵まれたり、ビッグプロジェクトを任されたりするかも。サインに気づく回数が多いほど、執着心も高くなる傾向。

握手する	例えば… ・飲み会の場で求められる ・成立や和解が実現する ・異性に求められる

相手の手の温もりで、あなたの心情を判断できます。上司の手が冷たいと感じたら、職場で周囲の評価を気にしすぎている暗示。逆に温かかったら、口では「自分なんて」と言いつつも、自信があるということ。

悪魔	例えば… ・夢の中に出てくる ・キャラクターとして目にする ・美術品の中に見つける

絵画や彫刻、映画などで見た悪魔の姿が印象的だったら、それは欲望に負けてしまいそうなあなたに対する警告。甘い誘惑に気をつけて。悪魔の仕草や言葉に、危機を回避するヒントが隠されているかも。

朝	例えば… ・いつもより朝早く目覚める ・早朝に意外な人から連絡が ・朝の習慣に変化がある

夜のように暗くて、苦しかった状況が終わる吉兆。運気がアップしてきているので、滞って先に進まなかった物事がスムーズに動き出すはず。また、続けてきた努力が、ようやく実る予感。今は手を止めないで。

足	例えば… ・足のケガ・違和感 ・後1歩のところで乗り遅れる ・靴のサイズが合わない

精神的に疲れているサイン。周囲のことばかりを気にして、自分のことが疎かになっているのかも。人の手伝いをする前に、まずは自分のやるべきことを済ませなさい、というメッセージだと捉えて。

足を組む	例えば… ・試験や会議中に足を組む ・公共交通機関内で足を組む ・目上の人の前で足を組む

誰かに注意されなければ、ラッキーチャンスが到来。特に金運にツキがあるよう。投資やギャンブルで得をしたり、手軽な副業を見つけたりするかも。注意されると、最近得したことが帳消しになる暗示。

アスパラガス	例えば… ・レシピ紹介のページが目に入る ・健康番組で特集されている ・スーパーで最後の1つをゲット

意中の相手があなたに好意を持つ予感。古代ローマの有名な博物学者プリニウスによると、アスパラガスをゆでた汁は、恋の媚薬になるとか。テレビや街中で目についたなら、迷わず食事に取り入れて。

汗	例えば… ・冷や汗をかく事態に ・寝汗で目が覚める ・ホットヨガやサウナに誘われる

熱中できることが見つかりそう。思い立ったらブレーキをかけず、没頭すること。心の声に従うと幸運の波に乗れる。気分が晴れたり思わぬ成功を得るはず。もしも今、体調が優れないなら、汗は回復のサイン。

遊ぶ

例えば…
- 普段よりアクティブ
- 仕事中に週末の計画を立てる
- 魅力的なイベントの情報を得る

変化に乏しい毎日に飽きてしまっていて、この状況から早く抜け出したいと思っている様子。改革の気持ちが盛り上がっている今こそ、アクションを起こせば事態は好転。何事も、動かなければ始まらない。

頭

例えば…
- 「頭がいい」とほめられる
- ゲームなどで頭を使う
- ヘディングシュートが決まる

やる気に満ちているサイン。いよいよ勝負に出る時。思い切って行動に移すと吉。ヘアスタイルをチェンジしたり、新しく購入したヘアアクセサリーを身につけたりすると、さらに勝負運が強まるはず。

兄

例えば…
- ケンカや相続争いが始まる
- 2人で食事をする
- 久々に連絡がくる

自分の中にある男性性が強まる暗示。乱暴でカッとなりやすいので、今はできるだけ単独行動が◎。一方、新しい出会いや恋人の出現を表している場合も。制御できないほど気持ちが高まりそう。

姉

例えば…
- 似ていると言われる
- 2人でショッピングに出かける
- "姉御肌"の人と過ごす

真似するべき人物を意味している。うまくいかないことがあったら、「姉」の言動をお手本にすれば解決。実際の姉でなくても、"姉貴分"であればOK。姉がラフなら、あなたもラフに振る舞うと事態は好転。

アボカド

例えば…
- ハマって食べる
- メニューで最初に目に入る
- 周囲で流行っている

"美"への近道が見つかるサイン。自分に合ったメイク道具やヘアスタイルが見つかる予感。美の象徴である金星の力を持つ食べ物なので、積極的に摂り入れると運気アップ。理想の容姿のイメージが具体的なほど◎。

天の川

例えば…
- 織姫と彦星が話題に
- 七夕に天体観測に誘われる
- 歌詞に出てくる

近々、打ち明けられなかった思いを告げる舞台が用意されそう。その相手は、かつての友人であったり、お世話になった恩師。あるいは、初恋の人の場合も。返事はどうであれ、納得できる答えがもらえる予感。

雨

例えば…
- 家を出た瞬間に降り出す
- 楽しみにしていたことが雨天中止
- 予報外れの雨

天から思いがけないプレゼントがありそう。土砂降りの雨は、気持ちが高揚しているサイン。うれしい知らせに心が躍るはず。ただし、感情的になりすぎると失敗しかねないので、適度にクールダウンを。

操り人形

例えば…
- 人形劇を目にする
- 同僚が上司の言いなりになっていることを知る

意中の異性の気持ちや、職場での人間関係をコントロールできる暗示。恋の駆け引きや、職場内での立ち回りが器用になる。あまりゲーム感覚になるのはNG。実は自分が操られていた、なんてことになりかねない。

謝る／謝罪

例えば…
- クレーム対応をする
- やたらと謝罪会見を目にする
- 謝っている人を目撃する

自分にも謝りたい相手がいることに気づく。「謝罪は早いほうがいい」というメッセージだと受け取って。もしくは、あなたに何かを伝えたいと願っている人物がいる暗示。周りを見渡せば気づくことがあるはず。

アラーム／目覚まし時計

例えば…
- 会議中に鳴る
- 公共交通機関の中で鳴る
- 設定時間を間違える

思いがけないタイミングで鳴ったなら、「今、手がけていることや、頭に思い描いていることを、早く終わらせなさい」というサイン。進めても前途多難。決断力と、効率のよさを求められていると考えて。

洗う／洗浄

例えば…
- 普段手をつけないところを洗う
- 悪しき習慣から足を洗う
- 洗いざらい白状する

後ろめたいことや、消してしまいたい過去の失敗がよみがえるかも。文字通り「洗い流せる」ことであればいいが、そうはいかないことも。見て見ぬふりをするのではなく、一度真摯に向き合ってみては？

嵐

例えば…
- 突然の暴風雨
- 大事な日に大荒れの天気
- 砂嵐に目をやられる

ハプニングが起こる前ぶれ。環境や心を、大きくかき乱される事件が起きそう。ただし、それはあくまでも一時的なもの。嵐が過ぎ去った後は、意外にも気持ちが晴れていくはず。事態好転のきっかけと心得て。

歩く／歩行

例えば…
- 誰かの歩く姿が気になる
- 歩く動物を目にする
- ふと散歩がしたくなる

のんびりと歩くことを楽しんでいる様子なら、今の生活に満足していることを示す。無理に習慣を変える必要はなさそう。焦って早歩きをしたり、つまづいたりするなら、あなたの中に不安や焦燥感が芽生える暗示。

荒れる

例えば…
- 会議や取引が紛糾する
- 身近なところで車上荒らしや空き巣の被害がある

たまりにたまっていた怒りが爆発する危険信号。心が荒み切っている時なので、感情をコントロールする必要がありそう。我慢して乗り切ろうとするのではなく、怒りを上手に発散させる術と場所を見つけて。

慌てる／焦る

例えば…
- 電車やバスに乗り遅れそう
- 予定外の客人が現れる
- 壊れやすい物を落としそうになる

約束の反故や規律違反など、何かのルールを破ろうとしている、あるいは破っている時に出てくるサイン。思い当たることがあるなら「何が正解か」を自らに問いかけること。まだ引き返せる場所にいるなら大丈夫。

哀れむ／同情

例えば…
- 同僚に気の毒なことが
- 同情だけで関係を続けることに
- 友人の身内に不幸がある

「自分は人とは違う」「周囲よりも優れている」「勝っていることを確かめたい」といった気持ちが強く出てきている状態。感情に振り回されるのはNG。人を見下した態度が、評価を地に落とすのでいつもより謙虚に。

【い】
(i)

案内
例えば…
- 道を聞かれる
- おすすめした店が評判に
- カーナビに異変

この先の見通しが明るくなる吉兆。五里霧中だった案件も、視界が広がりホッとするはず。頭を悩ませていた不安材料がなくなるので、安心して計画を進められるように。迷わず次の1歩を踏み出してOK。

家
例えば…
- 初めて家に招かれる
- 予定外の帰宅
- 内覧につき合う

どっしりとして立派な家なら、心の平穏が訪れるサイン。古くて倒壊しそうな家なら、心配な出来事が起こる前ぶれ。明かりが消えた暗い印象の家は、愛する人を失くすのではないかという不安の表れ。

息・呼吸
例えば…
- 息切れする
- 気づけばため息をついている
- 呼吸のリズムが気になる

「息」とは「生き」であり、命あるものの象徴。自分という人間が、派手ではないけれど、必要とされる存在であることを感じられるきっかけが。深呼吸の場合は、心を落ち着かせると答えが見える、というメッセージ。

池・泉
例えば…
- 旅先で見つける
- 釣りや散策に誘われる
- 水質調査の現場を見かける

水がキレイなら、精神的に安定する兆候。また、インスピレーションが研ぎ澄まされるので、勘に頼るといい結果に。水が汚れていたり波立っていたりしたら、嫌な予感が的中する暗示。神経質になりすぎないこと。

医者
例えば…
- 行きつけの病院の先生が変わる
- 合コンで医者と出会う
- 腕のいい医者を紹介される

これから忙しくなるという予兆。ハードワークが続くので体調管理を万全に。スタミナ食を摂ると◎。お医者さんが優しそうな印象だったら、それはあなたの前にいい相談役が現れることを意味している。

椅子
例えば…
- 椅子の脚が折れる
- ソファに大きな傷がつく
- キレイな座席が印象に残る

もしも椅子の不具合が印象的だったら、居場所やポジションが脅かされる凶兆。また、キレイに整列している椅子が気になるなら、決断の時が近づいていると心得て。迷っていることは、今判断すると吉と出る。

遺跡・城跡
例えば…
- 発掘調査に関わる
- 骨董品を手に入れる
- 城跡を訪れる機会がある

過去にとらわれているものの、そこから目を背けてしまう。「しっかり清算しなさい」という忠告でもある。ただし、遺跡が心落ち着くイメージなら、それは過去の思い出が心の支えになっているということ。

イチゴ

例えば…
- イチゴ狩りに誘われる
- ストロベリー味ばかり巡ってくる
- フェアが開催されている

魅力が最大限に引き立つ時。外見的な美しさが高まるので、意中の異性と顔を合わせる時は積極的にアピールを。少し"盛った"メイクやボディタッチが◎。イチゴを食べれば、その効果がさらにアップ！

イチョウ

例えば…
- 行く先々にイチョウの木がある
- イチョウの葉が頭上に落ちてくる
- 銀杏料理が出てくる

かつて大洪水があった時、人々がイチョウによじ登り、善人は助かったが罪人は滑り落ちてしまったという逸話が。つまりイチョウが気になるのは、何らかの罪悪感に苦しむサイン。誰かに打ち明けると救われそう。

射手座

例えば…
- 射手座の友人からの連絡
- 11月末〜12月末の予定が多い
- 射手座の人とばかり知り合う

何かしらのルールを破る予感。「冒険心にかられ、つい……」といったことが起こりそう。人に迷惑をかけるのは論外。しかし時には規則に縛られず、自由な発想で行動してみるのも人生だと考えるほうが得。

糸 ひも

例えば…
- 糸が絡まる
- ひもがほどける
- 編み物をする機会がある

もつれた糸やひもは、心が乱れることを意味している。自分のすべきことがわからず、途方に暮れそう。逆に、絡まった糸やひもを解くのは、心の中が整理される暗示。目的がはっきりしたら、一気に動き出しそう。

犬

例えば…
- 子犬が生まれる
- 飼い犬に噛まれる
- ペットショップの犬と目が合う

犬をかわいがるのは、ベストパートナーが見つかる兆候。性別や年齢に縛られない信頼関係ができそう。ただ、犬に噛まれるのは病気やケガの心配がある時。無理が利かないタイミングなので、慎重にふれ合って。

祈る 願う

例えば…
- 目に見えない力に頼りたくなる
- 無力さを嘆く事件が起こる
- 冠婚葬祭の知らせ

近々、人智を超えた存在に身を任せることになりそう。独りよがりな発想を捨てることで、奇跡的な体験ができる予感。個人よりも集団の利益を優先すると、結果的に個人にもプラスになると覚えておいて。

イベント

例えば…
- イベントのチラシを目にする
- 祭りの音が聞こえる
- 催事場を通りかかる

無駄に人が多く目的のわかりづらいイベントなら、孤立するサイン。「本当の自分を理解してくれる人なんていない」と虚無感を覚えそう。ただし、意義がはっきりしている催しなら、公私共に輪の中心になれるサイン。

イメージ 想像

例えば…
- 想像通りのことが起こる
- いつもより妄想が膨らむ
- 「ほらね」と思うことがある

心に思い描いていたことが、現実となる吉兆。予定通りに進みやすい。どうしても叶えたい願いがあるなら、繰り返し心の中で唱えてみて。強いイメージこそが、現実世界での成功を引き寄せるカギ。

妹

例えば…
- 一緒に出かける
- 偶然街で見かける
- 妹がいない時に話題に上がる

周囲から見た、あなたの印象。「妹」の態度を不快に思ったら、それはそのまま周囲のあなたへの評価だと認識して。自分を客観的に見て、未熟な部分や不出来な部分に目を向けるべきだという戒め。

イラスト 落書き

例えば…
- 身の回りに落書きをされる
- 気になる絵画と出会う
- イラストをプレゼントされる

一度立ち止まり、自分を見つめ直すきっかけが訪れる。また、誰かが絵を描く姿が印象的なら、未来が決まりかけていることを示唆。今、手がけていることや交友関係が、将来にダイレクトに影響する予感。

イルカ

例えば…
- 映画やアニメに出てくる
- 水族館でショーが始まる
- 船の上から見つける

問題とされていたことがクリアになる吉兆。イルカに乗っている人を見たら、今が新しいことに挑戦する絶好のタイミングだということ。習い事や趣味を始めると長続きする。チャレンジの数が成功の数と心得て。

岩

例えば…
- 大きな岩を見かける
- テレビや雑誌で印象に残った風景の中に大きな岩がある

今やっていることが成功する兆し。岩のサイズが大きいほど、いい結果に。ただし、相応の時間が必要。また、頑固になりすぎると失敗するという警告でもある。柔軟に対応できれば、理想の未来にグッと近づく。

【う】(u)

上

例えば…
- 上のフロアから呼び出し
- 天井画に見惚れる
- 目的地が最上階

物事がうまくいくラッキーシグナル。理想的な結果が得られたり、空想していたことが現実となったり。高望みだと思っていたことも、今なら叶う確率がアップしている。尻込みせず、ぜひとも挑戦を。

ウエイター 店員

例えば…
- 店員の態度が気になる
- 変わったスタッフに巡り会う
- 間違った案内をされる

ウエイターの振る舞いに注目を。感じがいいなら、人間関係が円滑にいく兆候。もしも、態度が不遜で嫌な思いをしたなら、悪い噂を立てられているかも。いつもより腰を低めにコミュニケーションを取って。

ウエディングドレス

例えば…
- ドラマの結婚シーン
- 偶然花嫁を目撃する
- コスプレをした人を見かける

ウエディングドレスが強く印象に残るのは、文字通り結婚が近づいているサイン。もしくは、自分が置かれた立場に不満があり、状況を打破する予兆。いずれにしても、停滞していた空気が変わる。

魚座

例えば…
- 魚座の友人からの連絡
- 2月末〜3月末の予定が多い
- 魚座の人とばかり知り合う

しばらく、初対面の人にもあまり警戒心が湧かない予感。無条件で人を信じるため、好感度がグッと上昇。また、センチメンタルになりやすい時。相手はあなたを気に入っているようなので、自信を持って。

ウサギ

例えば…
- 動物園でふれ合う
- 飼っている人と知り合う
- ウサギのキャラクターを見つける

多産なことから、愛や豊かさの象徴とされるウサギ。恋の成就が近い吉兆。積極的なアプローチが◎。また、自分の内側から湧き上がるセクシャルな衝動も表す。大人っぽい仕草がてきめんに効果を発揮。

牛

例えば…
- 移送中の家畜を目撃する
- 鳴き声が耳に残る
- 牧場に行く機会がある

人に優しくできる時。あなたの思いやりある行動は、結果的に自分に返ってくることに。「情けは人のためならず」と思い、困っている人を見かけたら迷わず手を差し伸べて。運も人も味方につけられるはず。

後ろ・後部

例えば…
- 映画館の後部座席の人
- 後からついてくる人
- ふと振り返った時の景色

「過去」の失敗を示している。自分の後ろの人の言動にヒントが隠されている。例えば、仕事の失敗談が聞こえてきたなら、気づいていないミスがあるのかも。見落としているメールがないかなど、再確認してみて。

ウソ偽り

例えば…
- 相手のウソに気づく
- ドッキリ番組に見入る
- つい相手をだましてしまう

あなたに誰にも言えない秘密ができることを暗示している。早めに白状するほうが傷口は浅くなる。また、つい悪口や不満を口にして後悔するサイン。意地を張らず素直に謝れば、事態はすぐに収束しそう。

歌

例えば…
- お気に入りの曲と出会う
- カラオケに誘われる
- 合唱コンクールに参加する

周囲に自分のよさをわかってもらうチャンスが訪れる。職場の飲み会や合コンなどには積極的に参加すること。人に会うほどファンが増えると心得て。上手にアピールしている人の真似をすると、驚くほどうまくいく。

宇宙

例えば…
- 書店で宇宙の図鑑が目に入る
- 寝る前に宇宙のことを考える
- プラネタリウムに誘われる

新しいことを始める前兆。クリエイティブな発想が開花したり、想像力を必要とするビジネスにチャンスが巡ってきたりするかも。「物作り」にも運がある時なので、ハンドメイドに没頭するのも◎。

宇宙人・未確認生命体

例えば…
- SFの映画チケットが手に入る
- 周囲で宇宙人がモチーフのキャラクターが流行る

今までに接したことのない、特異な人物との出会いがありそう。あまりにも違いすぎる発想や感覚に戸惑うことも。すべてを理解するのは難しいが、いい刺激をくれる存在。先入観を捨てれば、多くを吸収できる。

馬

例えば…
- 乗馬クラブを見かける
- 競馬に誘われる
- 時代劇で馬の名手が印象に残る

モチベーションが上がり、何事にも前向きに取り組める予感。未知の領域を開拓したり、宿命に立ち向かうことができる。上手に馬を乗りこなしている人を見かけたら、恋が成就するサイン。果敢にアタックして。

海

例えば…
- 海を見に行く機会がある
- 海水浴の予定ができる
- 船で移動する

波が立たない穏やかな海なら、幸運が舞い降りるサイン。派手に動かなくてもラッキーなことが頻発する。一方、荒れた海は、周囲の言動に惑わされる予兆。一度決めたら、ブレないほうがいい結果に。

産む 出産

例えば…
- 周囲に出産ブームがくる
- 出産に立ち会う機会がある
- ペットが卵や子を産む

今の生活環境やスタイルが、一変する出来事がありそう。新たな目標や願いが生まれ、新鮮な気分を味わえるはず。また、新しく生まれ変わるべき時がきたのだという暗示。自分を"リニューアル"するとチャンスが広がる。

埋める 埋葬する

例えば…
- ペットを埋葬する
- 予定が埋まる
- 欠員の穴を埋めようとする

失敗したことを後ろめたく感じ、どうにかごまかそうとしているのでは？　たとえうまく隠せても、自分の心の底にはずっとモヤモヤが残ることに。いっそのこと、潔くオープンにすると好転する予感。

占う

例えば…
- いつもよりランキングが気になる
- 知らなかった占術に興味が湧く
- 同じ占い師をよく見る

転職や結婚など、大きな決断をする予兆。もしも、占いに依存しすぎている人が気にかかったなら、自分の判断に自信を持てない証。または、「間違いだったのでは」という後悔があるのかも。経験者の意見がヒントに。

恨む

例えば…
- 遺恨が残る出来事
- 些細なことが許せない
- イライラしやすい

必要のないものに執着する兆候。例えば、別れた恋人やもう着ない服に心や生活が縛られるかも。固執しないためには、もっと視野を広げること。無理にでも新しいことを始めれば、変化の波が訪れるはず。

運転 ドライブ

例えば…
- ふと走行中の車が気になる
- ゴーカート場が目に入る
- 教習車を見かける

自分自身をコントロールできているかがわかる。おぼつかない運転なら、力量とスケジュールにギャップがあるかも。無理をすると事故を起こすことに。華麗に乗りこなしているなら、実力を最大限に活かせている証。

運動 スポーツ

例えば…
- バッティングセンターに誘われる
- 社内イベントがボーリングなど
- ジムに通い始める

心身共に、ヒートアップしていくことを示す。とはいえ、適度な興奮は能力向上のいいスパイスに。その一方で、ある特定の物事に対して「自分は手を引きたい」と切に願っていることを表す場合も。

【え】
(e)

運動会 スポーツ大会
例えば…
- 社内でスポーツイベントがある
- 子供の部活の世話をする
- 学校の運動会を見かける

過小評価に不満を抱きそう。「もっとできる」という気持ちが高まる時。しかしビリになった人やチームが気になったなら、不満を表に出せない暗示。逆に1位なら、うまくアピールして挽回する機会が訪れる。

エアコン クーラー
例えば…
- クーラーが効かなくなる
- フィルターがつまる
- 温度調節を巡って揉める

淡々とした暮らしに変化が訪れる兆候。思いがけず、これまでとは違った環境に身を投じるかも。異業界からのヘッドハンティングや、まったく価値観の違う異性からの告白は大吉。恐れず飛び込んで。

映画館
例えば…
- 映画に誘われる
- 予定もなくショッピングモール内のシネコンに入ってしまう

映画に集中できないなら、モチベーションが下がる事件が起きる暗示。人に言えない秘密を抱えることに。心の負担になるのなら、秘密自体を取りやめたり、信頼の置ける友人に打ち明けたりすること。

英雄 ヒーロー
例えば…
- フィクションの"英雄"に惚れる
- ヒーローインタビューを見る
- 勇敢な人を目撃する

映画や漫画などの"ヒーロー"が印象に残ったのなら、あなた自身も大活躍する予兆。主人公のような扱いを受ける。友人が英雄的な行いをしたなら、関係が良好になるものの、嫉妬心が芽生えることも。

駅
例えば…
- 電車が遅れ駅に長居する
- 乗り換え駅を間違える
- 異様に混雑している

準備段階であることを告げている。仕事上のプロジェクトも愛の告白も、必要なピースが揃っていない模様。見切り発進は避けたほうが◎。混雑したプラットホームが目につくのは、寂しさを感じやすくなる前兆。

えくぼ
例えば…
- 顎のえくぼが気になる
- 頬のえくぼが気になる
- ほめられる／馬鹿にされる

金運を左右するサイン。顎に出たえくぼは、金運がアップする吉兆。思いがけない収入を手にできそう。頬に出たえくぼは、金運がダウンする凶兆。お金が出ていくばかりなので、意識的に節約を。

エスカレーター
例えば…
- 乗っているのが自分だけ
- 故障中で乗れない
- 乗っている時に誰かと出会う

上りのエスカレーターは、小さな幸運を得られる吉兆。日常のちょっとした望みが叶い、笑顔になりそう。下りは、何かを手放したり、諦めたりしなければならない暗示。それにより、大事なものが守られると思って。

エプロン 前掛け	例えば… ・エプロン姿の人を見かける ・料理教室に参加する ・エプロンのひもがほどける

母性や愛情が湧き上がってくる。そのため、いつもよりおおらかにいられそう。もし自分がしているエプロンの結び目が自然と解けたなら、それは誰かに愛されていることを示している。周囲の視線や態度に注目してみて。

エレベーター	例えば… ・自分だけが乗っている ・外から偶然シースルーエレベーターが目に入る

エレベーターが上昇しているなら、それは大きな望みが叶う予兆。逆に下降しているなら、何かしらの事柄に失望することを意味している。途中で止まったエレベーターは、現在進行中の何かが頓挫する暗示。

円・丸	例えば… ・円形のものを見かける ・ボールが足元に転がってくる ・丸顔の人と知り合う

完成形。無駄がなく、均整が取れた状態の訪れを表している。完璧で、もうこれ以上は手を加える必要がないということ。もしも円が光り輝いているなら、幸せがやってくるラッキーシグナルと考えて。

演奏会 オーケストラ	例えば… ・発表会に招かれる ・チャリティコンサートに誘われる ・練習風景を目撃する

ピアノの発表会など、人が多く集まる場所が印象に残ったら、寂しさがピークに達する予感。と、同時に異性を求める気持ちも高まることに。かえって、合コンやお見合いパーティーに参加するなど、アクティブに。

【お】
(o)

おいしい うまい	例えば… ・話題のお店に招かれる ・一流シェフが料理してくれる ・ホームパーティーに参加する

「おいしい」と感じるのは本来、幸福なこと。しかし、寂しさを抱くサインでもある。たとえにぎやかな場でも、言いようのない孤独感が生まれる。でもそれは、人が気づけないことに気づける繊細さがあるということ。

王・王子 王女	例えば… ・皇室が話題に上がる ・ゲームの王子キャラにハマる ・歴史上の王族について知る

王なら、金運が上昇するラッキーシグナル。王子なら、親密になれる異性の出現を暗示している。王女の場合は、人間関係に亀裂が入る可能性が。ただし、その王女の言動を参考にすれば、事態の鎮静化を図れそう。

王冠	例えば… ・王冠モチーフを見かける ・ティアラモチーフを見かける ・マークが入ったアイテムをもらう

名声や地位を手に入れる吉兆。仕事で成功を収めたり、目標としていたものを手に入れたり、今よりもワンランク上のステージに上がれるサイン。ティアラの場合は、恋愛方面での幸運を意味する。

牡牛座

例えば…
- 牡牛座の友人からの連絡
- 4月末〜5月末の予定が多い
- 牡牛座の人とばかり知り合う

着実に1歩前進する予感。肝心なのは諦めないこと。粘り強く取り組めば、欲しいものを手に入れられる。また、感性が豊かになる暗示。音楽や絵画といった芸術にふれると、いつもとは違ったものを得られるはず。

狼

例えば…
- 狼の逸話を聞く
- 映画やアニメで狼を見る
- 「狼」と揶揄される色男に出会う

欲望に抗えない兆候。思いが強すぎて視野が狭くなり、脇が甘くなる傾向が。常に誰かに見られていると心得て。狼に噛まれるシーンは、隠そうとしている悪意が人目にさらされることを暗示している。

オーロラ

例えば…
- 実際に見る機会がある
- テレビや本でたまたま目にする
- 知人が撮った写真を見る

見る場所や環境を限定される、非常に稀な自然現象。よって、それはめったに起こりえないラッキーなことが起こる暗示。精神性や直感力をアップさせたい時は、オーロラの画像を見つめると◎。最高の"ひらめき"が。

お菓子 おやつ

例えば…
- ティータイムが設けられる
- スイーツビュッフェに誘われる
- 大量のお菓子の差し入れ

甘いお菓子は、新しい恋の到来を意味している。お菓子を食べているシーンが印象的なら、それはまもなく恋人ができるというサイン。人にお菓子をもらうのは、意中の人からのアプローチや告白を表す。

お金

例えば…
- 札束を見る機会がある
- 財布を拾う、誰かが落とす
- お金をなくす

大金を見たなら、高嶺の花に恋をしたり壮大な目標ができたりする予感。小さい額なら、自然と謙虚になりそう。お金を紛失したりその場に立ち会ったなら、「今は焦らず控えめに」という天からの警告と覚えておいて。

送る 送迎

例えば…
- 送迎シーンを見かける
- 送り迎えを頼まれる
- 会社からタクシー代が出る

かねてから連絡を取りたかった人にアクションを起こせる予感。そこから新しい恋やビジネスが生まれ、人生を大きく変えることに。この機を逃すと連絡を取る術がなくなるかも。思い立ったら行動を。

お香 アロマ

例えば…
- お気に入りのお香が見つかる
- 職場の匂いが変わる
- お香をプレゼントされる

心が浄化される出来事がありそう。魔術的なシーンではその場を浄化する役目を担ったり、その香り自体にパワーが宿っているとされる。ざわついた心を沈静化する効果があるため、意識的に焚いても◎。

怒る キレる

例えば…
- 誰かに煽られる
- ケンカ腰で話しかけられる
- 声を荒らげる

身近な誰かを誤解しているサイン。今一度、苦手な人の何が嫌なのか考えてみては？偏見や先入観を捨てることで、プラスになるつき合いができるように。一晩探れば、ガラッと流れが変わるはず。

襲われる / 襲撃される

例えば…
- フィクションの襲撃シーンを見る
- バイオレンスなゲームをする
- 鳥や動物に追いかけられる

異性とディープな関係になったり、ワンナイトの恋が生まれる予感。深層心理で肌のふれ合いを求めている。一方、奥手な自分にもどかしさを感じている場合も。積極的に動くほどいい方向に転ぶと心得て。

落ちる / 落下

例えば…
- バンジージャンプに誘われる
- 落とし穴に落ちる
- テレビで落下シーンを目撃する

頭でっかちになっていることへの警告と考えて。頭より身体を先に動かせば、トラブルがあっても大事にはならない。あるいは、長くは続かない。希望とは裏腹に、実力以上のポジションをゲットする暗示の場合も。

弟

例えば…
- 一緒に出かける
- 偶然街で見かける
- 弟がいない時に話題に上がる

「兄」よりもやんちゃで幼さのある、乱暴な部分が表に出やすい時。ストレスをためると、わがままや失言で信頼を失いやすいので注意して。適度な息抜きが重要。また、年下の異性との出会いの可能性も。

落とし物

例えば…
- 財布を拾う
- 貴重品を拾う
- 落とし物を届ける

落とし物が何かで、意味が異なる。落ちているのが財布なら金運、女性もののかわいらしいアクセサリーやバッグなら恋愛運がアップする兆候。どちらも「拾って落とし主に返す」という行為が幸運のカギとなる。

乙女座

例えば…
- 乙女座の友人からの連絡
- 8月末～9月末の予定が多い
- 乙女座の人とばかり知り合う

完璧主義になりそう。いつになく周囲から頼られる存在に。些細なミスが許せなくなるかも。恋も仕事も模範解答を出せるが、窮屈になりすぎないように注意。時にはルーズに振る舞う"ラフさ"がいいアクセントに。

踊る / ダンス

例えば…
- クラブに誘われる
- 結婚式や忘年会の余興で流行りのダンスを披露することに

もっと解放されたいという欲求が高まっている時。感情を抑えることに、ストレスを感じているよう。また、セクシャルな気分が高まっている場合も。子供を授かる予兆でもある。何事も理性を失わないよう心がけて。

同じ人 / 同一人物

例えば…
- 電車でいつも見かける人
- ランチタイムが被る人
- 何度も連絡をくれる人

もしも何度も同じ人に会うなら、それが知り合いでも他人でも、自分に必要な相手なのだというサイン。何かしらの縁があると考え、声をかけてみて。運気がいい方向へと流れるきっかけになるはず。

鬼

例えば…
- 伝説を耳にする
- 伝説が残る場所を訪れる
- お面をつけた人と遭遇する

恐怖の対象が出現するサイン。例えば「人前で話すことが怖い」と思っているなら、近々その機会がやってくる。また一方で、予想だにしていなかった異性からのアプローチの予感も。最初は戸惑うが、相性は◎。

牡羊座

例えば…
- 牡羊座の友人からの連絡
- 3月末〜4月末の予定が多い
- 牡羊座の人とばかり知り合う

周囲の目が気にならなくなる予感。前向きな気持ちや、困難に立ち向かう勇気が湧いてきそう。率先して何かを始めたり、他人に流されず正義を貫いたりできるように。欲しい物は自分で手に入れる強さが備わる。

お坊さん 坊主・僧侶

例えば…
- 僧侶に話しかけられる
- お寺に知り合いができる
- 道端でお坊さんを見かける

精神的に成長している時に見かける存在。自分だけではなく、周りのことも気遣えるようになっているのでは？ お坊さんに話しかけられたら、些細な日常の中に問題解決のヒントが眠っているという知らせ。

溺れる

例えば…
- プールや海で溺れかける
- 異性に溺れる
- お酒やギャンブルに溺れる

理性よりも、感情で物事を決めて大きな失敗をするサイン。冷静に考えれば、判断が間違っているのは明白。いったん深呼吸して、落ち着くこと。第三者に意見を仰げば、正しい答えを導き出せる予感。

泳ぐ 水泳

例えば…
- プールや海水浴に誘われる
- 泳いでいる人を見かける
- 水中ダイビングにチャレンジする

無意識のうちに、自分をリニューアルしていく暗示。次々と新しいアイデアが生まれる。斬新な企画書やファッションが評価され、一気に世に出るかも。新しい人脈や環境も手に入れ、ステップアップする時。

オリーブオイル

例えば…
- スーパーで目に入る
- ふんだんに使った料理が出てくる
- 専門店に招かれる

バイタリティが高まる予感。古くからヨーロッパでは、身体に塗り邪悪なものから身を守ったり、生命力を向上させたりしていた。エネルギー不足を感じるなら、オリーブオイルを使った料理で運気が上向きに。

オレンジ みかん

例えば…
- みかん畑を通りかかる
- 頼んでいないオレンジジュース
- 差し入れでもらう

失恋や職場での失敗から立ち直る兆し。自然と自分の長所や、環境のポジティブな要素に意識が向きそう。また、トラブルや災難を寸前で回避できる。不運なことがあっても「これで済んでよかった」と思うこと。

追われる

例えば…
- 子供の鬼ごっこを目撃する
- バイクやカーレースを観戦する
- テレビで動物の捕食シーン

追っている側に目がいくなら、チームとしての課題をクリアする予兆。追われる側が気になるなら、個人の目標の数字にグンと近づくサイン。追いついたシーンを見たなら、それを達成して次のステップへ進む暗示。

音楽

例えば…
- 店内BGMやラジオから流れてきた曲が耳に残る
- 偶然見た音楽番組

心地いい音楽は、クリエイティブな発想力の高まりを暗示。仕事でも趣味でも、芸術的な才能が開花する可能性を示している。逆に不快に感じる音楽は、障害が生まれる予兆。型通りのものを求められがちに。

【か】
(ka)

カーテン
例えば…
- 職場のカーテンを一番に開ける
- カーテンを開ける人を見る
- カーテンがうまく開かない

カーテンが開けられ部屋に光があふれたら、可能性が広がることを示唆。新たな出会いや仕事が舞い込んでくるかも。一方、うまく開かないなら、生活が乱れがちなしるし。生活リズムを崩さないよう注意。

貝
例えば…
- 魚屋で珍しい貝を見かける
- 潮干狩りに誘われる
- 貝料理を食べる

おしゃべりがすぎて失敗するかも。余計なひと言をつけ足して怒らせたり、オーバーに表現して誤解を招いたり。今は沈黙は金と心得て。また、貝料理は金運アップの予兆でもある。思わぬ臨時収入に期待。

海王星
例えば…
- 海王星の写真を見る
- ネプチューンという字を見つける
- ニュースで見る

夢と現実世界が混ざったような、不思議な経験をしそう。この世のものとは思えない恋をしたり、非現実的な情景に出会える予感。勘が冴えたり、"天才肌"な振る舞いができそう。直感に従うほうが吉。

絵画 美術品
例えば…
- 美術館のチケットをもらう
- デパートで展示販売を見かける
- 絵画を解説するテレビ番組

素晴らしいと感じたなら、能力が高まるサイン。的確な判断や斬新な発想ができる。逆によさがわからない時は、未熟さが表に出やすい。いつもより準備を徹底して。色鮮やかなら、バイタリティにあふれる。

貝殻
例えば…
- 貝があしらわれたアクセサリー
- インテリアに貝殻があるお店
- 海岸で拾う

想像＆創造力の象徴。優れたデザインや文才など、芸術面での才能が認められるサイン。今までにない素晴らしい作品を作り上げるかも。海辺で貝殻を拾うのは、ちょっとした幸せを感じられる予兆。

外国 海外
例えば…
- 海外への出張が決まる
- カフェやレストランに外国の景色を写した写真集が置かれていた

外国の情景が強く心に残るのは、環境に変化が訪れることを表している。人生を左右する大きな選択を迫られることも。恐れずに1歩を踏み出せば、ワンランク上の世界へ。新しい景色に溶け込めるはず。

外国人
例えば…
- 外国人に道を聞かれる
- 偶然入った店で外国人スタッフに接客される

会ったことのないタイプの人との交流がスタートするかも。始めは育ってきた環境や考え方の違いに悩むが、根気強く積極的に話しかければわかり合える。いつしか、なくてはならない存在になる予感。

階段

例えば…
- 神社に長い石段
- 螺旋階段を上る
- エレベーターが使えない

延々と続く階段が気になるのは、努力の結果が気になり始めるサイン。階段を上り終えた先の光景が印象的だったら、努力が実る吉兆。ただ、それは「今すぐ」ではない様子。焦らず、着実に進めていくこと。

怪物 化物

例えば…
- 夢に出てくる
- 映画やアニメに登場する
- 怪物モチーフのイラストを見る

怪物が暴れる姿が印象的だったら、劣等感から卑屈になるサイン。比較グセを手放して。逆に怪物を退治する姿は、自分でコンプレックスを克服するきっかけを掴む予兆。気になっていたことが、どうでもよくなりそう。

買う ショッピング

例えば…
- レジ待ちで前の人をふと眺める
- 小説やドラマの買い物シーン
- SNSにアップされた"戦利品"

誰かが、何かを購入する姿が気になったなら、欲しいものや幸運を手にするサイン。商品から連想できる運気がアップする。例えば、恋愛漫画なら異性との出会い、化粧品なら魅力度、つまりモテ運上昇に期待。

 カエデ

例えば…
- カエデの木を見つける
- カエデという名前の人と知り合う
- カナダ国旗を見かける

恋愛運が急上昇するサイン。素敵な出会いがあったり、好きな人を振り向かせたり。また近々、金運が高まることも表していて、臨時収入が期待できそう。メープルシロップを口にすると、ますます運気アップ！

カエル

例えば…
- 動物番組のカエル特集
- 道端でカエルを見つける
- カエルモチーフの雑貨

変化が起きる前ぶれ。カエルが緑色・キレイだと感じる色合いなら、昇進や告白など心浮き立つ出来事が。暗い色・ゾッとするような色合いなら、先行きに不安を覚える事件が起こるかもしれない。

 顔 容姿

例えば…
- 人の顔がアップで写った広告
- ふと何かに映った自分の顔
- 別れ際の相手のふとした表情

笑顔が印象的なら、それは吉兆。人間関係が良好になり、コミュニケーションがスムーズに。反対に悲しそうな顔が印象的なら、物事が滞ったり、周囲とのトラブルがあったりしそう。しばらく自信が持てないかも。

鏡

例えば…
- 鏡を買い替えるタイミングがくる
- ガードミラーが気になる
- 立派な鏡を見つける

何も映っていないなら、自分自身がわからなくなっている暗示。本当にやりたいことを、一度整理してみては？ 何か映っているなら、それがあなたを幸運へと導くカギ。映るのが女性なら、メイクや髪形を真似てみて。

 カギ キー

例えば…
- カギをなくす
- 落とし物を拾う
- 何らかのカギを渡される

近々、あなたの人生にとって大切な情報を得る暗示。結婚相談所やライフプランナーなど専門家に話を聞くと◎。理想の相手やベストなローンの組み方がわかるはず。ただし、カギの紛失は秘密がバレるサイン。

書く

例えば…
- 書類に必要事項を記入する
- テレビで書道家が映る
- 熱心にメモする人が印象に残る

誰かが書く姿は、苦手な人への不満や身体の悩みができるサイン。ただ、それは誰しもが抱えているもの。深刻にならなくてOK。自分で書いたものが気になったら、その内容が未来を暗示している。

影

例えば…
- 自分の影に目がいってしまう
- 木の影がお化けのように見える
- 影絵のパフォーマンスを見る

特定の人が、恐ろしい存在に感じ始めるサイン。周囲へ見せる顔と、あなたに見えている顔にギャップがあるよう。無理をせず距離を置くほうが賢明。あるいは、その人に後ろめたいことをしてしまう暗示。

崖

例えば…
- 映画やドラマで崖が出てくる
- 崖が有名な場所へ旅行する
- 崖っぷちだと感じる

「オール・オア・ナッシング」の選択を迫られそう。煮え切らない態度は通用しないので、思い切った判断を。ただし、ロッククライミングなどポジティブな印象の崖なら、心浮き立つデートに誘われる予兆。

傘

例えば…
- 傘が盗まれる
- 人の傘に入れてもらう
- 置き忘れの傘を見つける

忍耐力を試されそう。特に、屋内で傘を開くシーンを目撃した場合は、いいサインではないので注意。プレッシャーをかけられるかも。何事も1人で抱え込まないこと。傘を紛失した場合、偶然友人に出会う前兆。

かざす

例えば…
- たき火に手をかざす人
- 太陽に手をかざす
- 水晶に手をかざす占い師を見る

かざしたものの力、主に自然のパワーの恩恵にあずかれる時。例えば太陽に手をかざす人やシーンを見たなら、「太陽の持つ生命力を分け与えられる」予兆。しばらくはエネルギッシュに活動できそう。

火事

例えば…
- 火事のニュース速報が入る
- 身近な場所で火事が起きる
- 小説や映画の火事のシーン

黒煙を上げているなら、過去のトラウマがフラッシュバックしたり人前で恥をかかされたり、心を乱され自暴自棄になることがあるかも。そんな時はゆっくりお風呂に浸かるなど、心も身体もリフレッシュして。

風

例えば…
- エアコンの風量が強い
- 風の演出が印象的な映像を見る
- 窓や戸を開けた時に風が入る

しがらみから解放される予兆。周囲からの束縛はもちろん、自身が作り上げていた囲いを取り払うことができ、心が軽くなるはず。今までになかった発想が生まれたり、夢がグッと現実に近づくきっかけが。

風邪発熱

例えば…
- 身近な人が風邪をひく
- 風邪の流行を告げるニュース
- 咳やくしゃみが止まらない人

気になった人や初めて会う人が風邪をひいていたなら、あなたも体調不良を起こす危険が。また、看病している人が印象に残ったら、あなたが注目を浴びるサイン。自慢の恋人ができたり、職場での表彰に期待。

火星

例えば…
- 火星が肉眼で見える
- 火星に関するニュースを見る
- 火星マークが目に入る

闘いに身を投じることになりそう。その相手は理不尽な要求をしてくる上司や、共に切磋琢磨しているライバルかもしれない。常に攻撃的なのは考えものだが、この闘いは人生において必要な試練だと覚悟して。

肩

例えば…
- 最近肩こりが気になる
- 肩に飾りのついた服を見る
- 人に肩を叩かれる

何かに入れ込むことがありそう。肩入れしすぎて、周囲に「えこひいきをしている」と指摘されないよう、気をつけて。あるいは、肩に重荷がのしかかってくるサイン。深刻に受け止めず、適度にいなすのが正解。

楽器

例えば…
- 路上ライブを見かける
- 楽器を演奏する
- 楽器店の前を通った

一緒にいてウキウキするような、気の置けない仲間ができそう。例えば、始めは仕事を通したつき合いだったとしても、やがてビジネスを超えた関係になれるはず。コミュニティ内で、心のオアシスとなる予感。

カッコウ

例えば…
- 旅先でカッコウの声が聞こえる
- カッコウの生態を解説するテレビ番組を見た

鳴き声が聞こえたなら、ラッキーチャンスの到来。特に右の方向からなら、お金が舞い込む予兆となる。近々昇進や好待遇の転職があるかも。鳴き声が聞こえたら、すぐに希望のポストを願うと叶いやすい。

学校・校舎

例えば…
- 学校の前を通りかかる
- 学生街に出かける用事が増える
- 友達と母校の話をする

仕事もプライベートでも現状に不満が噴出するサイン。「昔はよかった」「過去に戻ることができたらいいのに」といったように、自分も周りもネガティブな考えにとらわれがち。特に母校なら、その傾向が強い。

カップ・コップ・グラス

例えば…
- カフェのカップが印象的と感じる
- 知人にカップをもらう
- 遊園地でコーヒーカップを発見

上辺だけではない、真実の愛を注いでくれる存在が現れそう。無条件に愛を与えてくれる人など、なかなか出会えないもの。たとえ外見がタイプではなかったとしても、結果的にあなたの「一番」になるはず。

悲しい

例えば…
- 知人に不運な出来事がある
- 街中で泣いている人が目に入る
- 悲しむ人のイラストや写真を見る

自分以外の悲しみのシーンが印象に残るのは、意外にも喜ばしいことが起こる暗示。「別れ」の後にやってくる「出会い」のように、悲しみではなく、その向こう側にある幸運を見つけられそう。何かの始まりを告げている。

蟹座

例えば…
- 蟹座の友人からの連絡
- 6月末～7月末の予定が多い
- 蟹座の人とばかり知り合う

友人や家族の大切さが身に染みる時。"アウェー"に感じているなら、身近な人をないがしろにしたり、ぞんざいに扱ったりしているのかも。「ありがとう」のひと言で"ホーム"に変わると覚えておいて。

壁・障害

例えば…
- 高い壁が印象的な建物に入る
- ベルリンの壁や万里の長城が話題に上がる

目の前に立ちはだかるような壁は、そのまま障害の出現を表す。ビジネスや恋愛で水を差す人が出てきたり、ライバルができる予感。正面突破が難しいなら、回り込む方法や抜け道を探すのも1つの手。

かぼちゃ

例えば…
- レストランで出される
- 料理番組で使われる
- かぼちゃ味のスイーツをもらう

想定外のことやショックな出来事がありそう。しかし、「これで済んでよかった」というレベルに収まるので安心して。また、邪気を祓える兆しも。ストーカーや金銭トラブルから解き放たれる予感。

髪・ヘアスタイル

例えば…
- シャンプーの広告を見る
- 断髪式を見る
- 他人の髪に見惚れる

長い髪が印象的なら、しばらく生活が充実するサイン。生命力がみなぎるので、多少の無理が利きそう。髪をカットするシーンは、やがてくる変化を暗示。マンネリ化した日常に、刺激的な出来事が起こりそう。

神・仏

例えば…
- ふと神や仏の存在について考える
- 「神技」や「神レベル」など神がつくワードが印象に残る

疑うことはせず、信じる気持ちを大切にしなさいという啓示。損得ばかりを気にせず、もっと純粋な心で動くこと。それが大きな幸せや成功へとつながる。また、信頼できる目上の人と出会うサイン。

雷

例えば…
- 稲妻が見える
- 近くで落雷がある
- 雷の日に遠出する

波乱の予感。確かだと思っていたものが、あっというまに崩れたり、環境が激変したり。ただ、この変化はくるべくしてきたもの。人生観や、人生そのものが変わっても、受け入れて進むべき。新境地を開くチャンス！

亀

例えば…
- 亀を飼っている人の家に行く
- 砂浜で亀を見つける
- ウミガメの産卵のニュースを見る

これまでの努力が実ることを意味する吉兆。怠けずコツコツとやっていれば、相応の評価や結果が得られるはず。時間をかけたものほど◎。たとえ障害があったとしても、それをクリアして大願成就できる。

仮面・仮装・コスプレ

例えば…
- テレビで仮面をした人を見た
- 宴会の余興で仮面をつける
- コスプレをしている人を見た

仮面の表情は、周囲に映るあなたがどう見えているかを表す。悲しそうなのか怒っているのか、あるいは楽しげなのか。実際の自分とギャップがあるのでは？　もっと自己主張することが、関係改善のカギのよう。

火曜日

例えば…
- 大事な予定が火曜日にある
- 火曜日放送のドラマにハマる
- 火曜日限定のセールで得をする

積極的に行動するほど、運気がアップする予感。考えるより先にアクションを起こして。商談やテスト、面接などの「勝負事」は火曜日に設定できると吉。すぐに白黒がついて、次の手を打ちやすくなる。

カラオケ　例えば… ・お祭りで大会が開かれていた ・お店のクーポンをもらう ・街でカラオケ店がよく目に入る	**カラス**　例えば… ・自分が出したゴミにたかられる ・変な声で鳴いている ・すぐ近くに降りてきた
何らかの形で、良くも悪くも周囲の注目を集めるサイン。今週の主役はあなたかも。また、日頃抑えているグチや不満が爆発する暗示でもある。適度に同僚に相談したり、趣味に没頭したりして発散すること。	不吉なことが起こる凶兆。特に人とのトラブルに注意。あなたの悪口を言いふらす人が登場することも。また、病気やケガにも警戒が必要。ただ、不思議と嫌な気持ちがしない場合は、勘が冴える兆候でもある。
ガラス　例えば… ・ガラス製品をもらう ・ガラス張りの部屋に入る ・窓が割れる	**カレンダー** 例えば… ・おしゃれなカレンダーを見かける ・壁からカレンダーが落ちる ・カレンダーをめくる人を見る
ショーウィンドウなどキレイなガラスは、災いを回避する予兆。異動を免れたり失恋の危機を脱する予感。ただし、割れたり欠けたりしたガラスは、事故やケガを招く凶兆。新調すれば厄災を遠ざけられる。	思い通りのスケジューリングができそう。商談やデートなど、予定がスムーズに埋まる予感。ただし、日にちがずれた日めくりカレンダーは、あらゆることのテンポが悪くなるので注意。可能ならすぐにめくって。
川 例えば… ・川沿いを歩く ・地名に「川」がつく場所に行く ・渓谷に出かける	**考える** 例えば… ・頭を抱えている人が目に入る ・「思考法」や「考え方」など「考」の字が入った書籍が印象に残る
止めるか始めるか、大きな分かれ道に立つ暗示。流れが激しいなら、まだ心の準備ができていない証拠。変化を望んでいない側面もあるので、無理は禁物。流れが穏やかなら、思い切って決断すると吉。	役割から目を背けたり、ノルマを達成できない予兆。このままでは信頼を失ってしまうことに。"初心"を思い出すとモチベーションアップ。気持ちの切り替えを促す、天からのメッセージだと心得て。
看護師／ナース　例えば… ・ドラマや映画に登場する ・看護師の知り合いができる ・広告やポスターで見かける	**観葉植物**　例えば… ・観葉植物が多いカフェ ・花屋で見かける ・枯れていることに気づく
気持ちが疲弊したり、プレッシャーに潰されそうになる。毎日を乗り切るのが、難しいのかも。しかし、親身になってくれる人が現れる可能性も。遠慮せずにSOSを出せば、快く助けてくれる予感。	元気な観葉植物は家庭円満のサイン。もしも枯れた植物が目についたなら、家族の運気が落ちてしまう暗示。家の掃除を徹底したり、家族とのコミュニケーションを密にすれば、落ちた運気を回復できるはず。

【き】
(ki)

官僚
例えば…
- ニュースで見かける
- 知り合いが官僚になる
- 名刺を交換する機会がある

人間関係がドライになる暗示。上辺だけの笑顔や優しさに嫌気が差すかも。傷つくことを恐れていては、深いつき合いはできないもの。まずは自分から心を開いて。1対1で食事や遊びに出かけると吉。

黄 イエロー
例えば…
- 人からもらった花の色
- 何気なく手に取った服の色
- サラダに入っていたトマトが黄色

直感力が冴える時。一方で、ウソがバレたり対人関係でトラブルが起こったりする兆候も。個性は光るものの、それを誇張しすぎればうまくいかなくなる。状況を読んで、加減の調整が必要になりそう。

気球 バルーン
例えば…
- 乗る機会がある
- イラストで見る
- 飛んでいるのを見る

恋人との約束や仕事の締め切りなど、プレッシャーから逃げ出しそうになるサイン。感情的にならず、客観的な判断で決めること。無駄な先送りや言い訳は事態を悪化させるのでNG。覚悟を決めれば、いい結果を招く。

ギザ十
例えば…
- 偶然お釣りでもらう
- 知人が集めていることが判明
- 古い貯金箱から出てくる

縁がギザギザの十円玉は、金運が上昇する兆候。収入がアップしたり、ワンランク上の豊かな暮らしが手に入る予感。入手するきっかけが転職や独立だったなら、「その仕事があなたの天職」のよう。

儀式 セレモニー
例えば…
- お参りに行った神社で偶然神事が行われていた
- 結婚式か葬式の知らせがくる

想像もつかない、非現実的なことが起こるサイン。異業種からのヘッドハンティングや年の離れた異性からのお誘いなど、未知の世界からのコンタクトがあるかも。一度、話を聞いてみる価値あり。

キス
例えば…
- キスをしているカップルを見る
- テレビをつけた時にちょうどキスシーンが流れている

新たな恋が近づいているサイン。ただ、思いが強すぎると空回りをしがちなので、焦りは禁物。また、キスをしている異性は、あなたの新しい恋に無関係ではないかも。どんなタイプか観察しておいて。

傷 ケガ
例えば…
- 傷ができる
- 傷のある人を見る
- 古傷の痛みがよみがえる

小さな傷は、納得のいかないことが起こる兆候。現状に満足していないなら、不満は小出しにして解消を。逆に大きな傷を見たら、今現在抱えている不安がなくなる前兆。大どんでん返しが待っているかも。

季節／四季

例えば…
- 季節の風物詩を見つける
- 衣替えを意識し始める
- 季節のイベントのチラシ

季節の移り変わりを強く感じるのは、心境が大きく変化する前ぶれ。「働く意味」「結婚の必要性」など、ライフプランについて真剣に考えてみて。一方で、季節感をあまり感じないのは体調不良の暗示。早めのケアが吉。

気絶する／失神する

例えば…
- テレビで気絶するシーン
- 貧血や低血圧などの体調不良
- 突然倒れる人を目撃する

自分に対して否定的になるサイン。「こんなはずじゃない」「もっとできるはず」という気持ちばかりが強くなり、冷静さを失うかも。写真や表彰状など、目に見える栄光を引っ張り出すと、前向きになれる予感。

北

例えば…
- 北がつく地名や人に縁ができる
- 自宅より北にある場所に行く
- 北国にまつわる話題が出る

困難な状況に陥る兆し。推し進めていたことに問題が発生したり、邪魔が入ったりすることに。どうにかしようとする努力は大切。しかし今は、無理に抗おうとせず「これがやめ時」という判断にツキがある。

汚い物／汚れ

例えば…
- 街中で汚物を見てしまう
- 人と汚い物の話をする
- 汚い物をさわった／踏んだ

不思議と財布が潤うサイン。掃除で金運が上がると言われるのも、汚い物にふれるため。あるいは美に関する意識が高まる予兆。チャレンジしたことのないメイクやファッション、アンチエイジングに興味が湧くかも。

キッチン／台所

例えば…
- リフォームを検討し始める
- 忘れ物がキッチンにあった
- 台所の掃除特集を見る

"愛されオーラ"があふれ出す兆し。これまでにないほど、異性からも同性からもモテモテに。特に料理教室で理想の相手と巡り会う予感。パートナーとギクシャクしているのなら、手料理を振る舞うと仲直りしやすい。

キツネ

例えば…
- キツネモチーフを見かける
- 何となくキツネうどんを頼む
- パンがキツネ色に焼ける

運気が一転するサイン。諦めていたことに挽回のチャンスが訪れる。しかし、同時に裏切りの兆候も。信頼していた友人や同僚にだまされることがあるかも。優しい人ほど怪しく、厳しい人ほど信頼できる。

切符／チケット

例えば…
- 落とし物の切符を見つける
- チケットをなくす
- 出張の切符が支給される

今、新しいことをスタートさせると、大抵のことはうまくいく。趣味や習い事を「忙しい」のひと言で諦めていたのなら、絶好のタイミングだと捉えて。恋と趣味、習い事と家事などを「両立」できそう。

キノコ

例えば…
- キノコが生えているのを見つける
- 山菜採りに誘われる
- 珍しいキノコを食べる

思ってもみないチャンスが舞い込む前兆。高嶺の花の連絡先をゲットしたり、昇進の話があるかも。また、悩みを解決するヒントが見つかる予感。ただし、毒キノコはだまし討ちに遭うサインなので要注意。

逆三角形

例えば…
- エレベーターの「下りる」ボタン
- 逆三角形の標識が印象に残る
- アクセサリーの形

精神が不安定になる危険信号。自信が持てず、周囲の声に惑わされそう。しかし、かえってあなたのアイデアを選んだほうがよかったという結果になりがち。気持ちの波が激しいなら、第三者に頼ってみて。

キャベツ レタス

例えば…
- 畑で見かける
- 「キャベツ○個分の」というフレーズが気になる

誰にも言えない、秘密の恋が始まる予感。普通の恋で得られる刺激では、満足できなくなるかも。そのため、今までに持つことのなかった心配事が生まれそう。あまりヒートアップしすぎないこと。

救急車

例えば…
- 救急車のサイレンが聞こえる
- 目の前を通り過ぎる
- 近くに停まる

思いがけないトラブルに見舞われる暗示。些細なミスが深刻な事態を招くので注意。また、友人からの打ち明け話などに動揺する予感。誰かがあなたにSOSを発しているサインでもあるので、真摯に話を聞いてあげて。

牛乳 ミルク

例えば…
- 急に飲みたくなる
- 宅配牛乳の営業が来る
- ミルク風味のお菓子をもらう

子供のように純真で、素直な気持ちになれる時。いろいろとうまくいかなかったのは、物事を難しく考えすぎていたからかも。人間関係のしがらみを忘れて、目的をはっきりさせれば問題解決の糸口が見つかるはず。

きゅうり

例えば…
- 毎日メニューに入っている
- 八百屋の目立つところに陳列されている

パートナーに対する不満がたまるかも。しかし、感情に身を任せると、余計なひと言で後悔することに。「何が嫌」で「どうしてほしい」かをメールや手紙で伝えてから、直接対決に挑めば事態は収束しやすい。

教会 チャペル

例えば…
- 教会のミサに誘われる
- 中を見学する
- 街のあちこちでよく見かける

悩みに自分なりの答えを出せる時。次のステップに招かれている。教会の中が印象的なら、母親や、母親的な役割をしてくれている人からのアドバイスに耳を傾けて。心から納得のいく結論が出せそう。

教科書 マニュアル

例えば…
- 昔の教科書を読み返したくなる
- 教科書が押入れから出てくる
- 古本屋で見つける

「教科書通りでは、もう立ち行かない」というシグナル。今までのやり方を一新する必要がありそう。マニュアルよりも、時代の流れや経験を大事にすると吉。後輩や部下との会話に有益なヒントが眠っている。

恐竜

例えば…
- 博物館で恐竜の骨を見る
- 恐竜をモチーフにしたキャラクターを見かける

キャンプや登山など、アウトドアに縁が生まれそう。大自然の中に身を投じることで、偉大なパワーや運が得られる時。週末は人里を離れると◎。非日常体験が、驚くほどモチベーションを上げてくれることに。

嫌い

例えば…
- 嫌いな人にばったり会う
- 自分が嫌いなことに挑戦しなくてはならなくなる

自己改革を求められるサイン。注目すべきは、何を嫌っているか。嫌われている人や物を観察すると、自分の嫌な面との共通点が見えてくるはず。あえて関わりを持って、"リニューアル"の参考にしよう。

嫌いな食べ物 苦手な食べ物

例えば…
- 異性や友人に振る舞われる
- オーダーミスで出てくる
- 料理番組の題材になっている

思わぬところから、コンプレックスに打ち勝つヒントが見つかりそう。笑いに変えたり、プラス要素に変換してみるとしっくりくるかも。深刻だった悩みが、「実は、大したことないんだな」という心境になる予感。

霧

例えば…
- 外に出た時に霧が濃い
- 雲海を見る
- 映画の霧が印象的な場面

迷いが生じている時。先が見えないほどの濃霧なら、決断は避けるべき。逆に霧が晴れていくイメージならば、それは物事がいい方向へと向かっている証拠。いずれにせよ、目的地をはっきりさせるほうが吉。

切る

例えば…
- 電話が突然切られた
- 大切な書類を間違って切る
- 料理中に指を切る

別れの予感。あるいは、やめようと思いつつ長年決心がつかなかったことを、やめる時だという忠告。情に流されてダラダラ関係を続けると、互いの成長を妨げる結果に。人に宣言すると覚悟が決まる。

金 ゴールド

例えば…
- 金の延べ棒の写真が目に入る
- ピカピカの五円玉を入手する
- スイーツに金箔が乗っていた

ゴージャスな金は、生命力や富が満ちることを啓示。心に余裕が生まれ、自ずと高い目標が見つかりそう。安っぽい金は、傲慢になったり見栄を張って失敗するサイン。特に、口は災いのもとなので注意。

銀 シルバー

例えば…
- シルバーアクセサリーを磨き直す
- 銀のカトラリーを使う
- 知人に乗せてもらった車が銀色

心癒される出来事がある予感。憎しみや嫉妬といった負の感情が浄化される。失恋から立ち直るきっかけもありそう。シルバーのアクセサリーを身につければ、新しい出会いを引き寄せやすい。

銀行 ATM

例えば…
- 銀行に行く用事ができる
- 手持ちの現金がなくなる
- ATMの利用頻度が高まる

お金を下ろすシーンが印象的なら、自分の中に眠っていた、思いがけない特性が開花する予兆。新しい趣味や習い事など、何にでもチャレンジしてみて。可能性を感じたなら、惜しまず自己投資を。

金星

例えば…
- 空に金星を見つける
- 金星マーク（♀)を見つける
- ヴィーナスという言葉を聞く

色気・魅力がアップする予感。愛と美の女神ヴィーナスの象徴である金星は、恋の喜びをもたらす存在。最高の恋愛運が巡ってきているということ。いつもと雰囲気の違うメイクやファッションが成功を引き寄せる。

【く】(ku)

金曜日
例えば…
- 金曜日に出かける予定ができる
- 金曜日が休日になる
- 楽しい出来事が多い日になる

恋愛運の高まりを表す。いい結果になりやすいので、意中の相手を食事に誘ったり恋人とのデートを楽しんだりして。華やかな場所に運があるので、パーティーや最近話題のデートスポットに足を運ぶと◎。

空港・飛行場
例えば…
- 見送り、お迎えで空港に行く
- ニュースで空港の映像が流れる
- 空港で泊まることになる

「あなたにしか成し遂げられない」という天からのメッセージ。ひらめき力がアップする時なので、積極的にそれを試してみるべき。アイデアの数だけ成功する予感。前例のない記録を達成する可能性も。

草・芝
例えば…
- 牧草地の近くを歩く
- 生い茂る雑草が目につく
- 草原の写真を見る

整った芝生は、願い事が叶う予兆。ただし、植物やペットを雑に扱うと運気がダウンするので、振る舞いには気をつけること。無造作に茂る草は、悪意ある人から妨害を暗示。ライバルの動向を注視して。

くし・ヘアブラシ
例えば…
- くしの通りがスムーズになる
- いいブラシに買い替える
- ブラシを借りる

アイテム単体なら、意中の人の元恋人や同僚など"恋のライバル"が登場するサイン。髪をとかす姿なら、モテ運アップ。連絡先を聞かれやすいので、どんどん外に出かけて。予定のない場所で素敵な出会いが。

くしゃみ
例えば…
- くしゃみが止まらなくなる
- 動物のくしゃみを見る
- 大きくしゃみが聞こえる

くしゃみが2回続いたなら、ラッキーサイン。温めていた企画を出したり、デートに誘ってみるなど行動を起こしてOK。ただし1回＆3回は不運を招きがち。トラブルに巻き込まれやすいので、無難な判断を。

クジラ
例えば…
- 海岸に打ち上げられている
- クジラのイラストを見かけた
- クジラに関するニュースを見る

クジラは母親の象徴。近々、あなたの中にある甘えや依存が、表出する出来事がありそう。自立心を求められ自炊や1人暮らしを始める、なんてこともあるかも。また、周囲の顔ぶれに変化がありそう。

薬・医薬品
例えば…
- 印象的な薬の広告
- 病気の治療中で薬をたくさん飲んでいる人が身近にいる

困った出来事が起こりそう。1人で抱え込まず、周囲に相談を。意見の数が多いほど、解決しやすくなる。「迷惑かも」とか「笑われるかも」なんて思わないこと。誰かを頼るべきテーマなのだと自覚して。

果物 フルーツ

例えば…
- お土産としてもらう
- 果物柄の雑貨が目に入る
- 果物狩りを体験する

恋多き時。色気が増して、モテ度が急上昇する予感。いつもより大胆なファッションが効果的。木に実った果実をもぎ取るのには、セクシャルな意味合いが。友人関係にあった異性と、性的な関係になることも。

口

例えば…
- 口紅が濃い女性に目がいく
- オーラルケアの情報が入る
- 口内にトラブルが

友人や恋人の些細な言葉が引っかかったり、傷ついたりしそう。また、言いたいことが言えずにモヤモヤを抱えることも。カラオケや音楽フェスに行って大声を出すと、心をいったんリセットできる予感。

靴

例えば…
- 靴底が減っていることに気づく
- 履きたいと思える靴に出会う
- 靴屋さんと親しくなる

事態が好転していくサイン。煮つまった仕事や進まない異性との関係に光明を見出す。自分の靴をキレイに磨くと、さらに幸運の波に乗りやすい。少し前では想像できなかった成果を挙げるチャンス。

靴ひも

例えば…
- 靴ひもがほどける
- なかなかうまく結べない
- 新しいひもに替える

「地に足がついていない」という天からの警告。思い描いているプランを一度見直してみては？　このままでは、いつか崩れてしまいそう。理想をつめ込みすぎているかも。お金と時間には限りがあることを忘れないで。

首

例えば…
- 首もとに寒気を感じる
- 蚊に刺される
- 首の関節にトラブルがある

過干渉に悩まされそう。それが親切心や、あなたを思っての言葉だったとしても、今はあまりプラスにならない。感謝を伝えつつ、穏便に「そっとしておいてほしい」と伝えられると、一気に集中できるように。

熊

例えば…
- テディベアをもらう
- 出くわす／出くわす夢を見る
- 熊の出没情報を聞く

休日にゆっくり休めたり安眠できたり、平穏を手にするチャンス。また、「OK」をもらいやすいので、ここぞという時は臆せず飛び込んで。また、強力な保護者が現れる暗示でもある。援軍を得て、躍進する。

クモ

例えば…
- 朝、家にクモの巣ができている
- クモを見かける
- クモモチーフのアクセサリー

臨時収入の前ぶれ。また、恋愛成就のサインでもある。セレブな異性と懇意になったり、パートナーが出世する可能性も。ただし、クモの巣が印象に残ったら、複雑なしがらみができる予感。八方塞がりになるかも。

雲

例えば…
- 珍しい色や形の雲を見つける
- 印象に残る美しい雲
- 黒雲が広がっていく

白い雲は吉兆。素敵な出会いや賞賛など、いいことばかりで前向きになる。アクティブに動けば、しばらく幸運が続く。暗い雲は、心配事が1つ増えるサイン。ただし、そこまで深刻な事態にはならないので安心して。

曇り 曇天

例えば…
- 曇りの天気が何日も続く
- 外に出た時の天気の第一印象がどんより重たい感じ

徐々に気分が沈んでいく予兆。遊びも仕事も気分が乗らないなら、あえて、1日何もせず休みに徹すると◎。雲がなくなっていくのは、プラス思考になる前兆。人のいいところばかりに目がいくようになるはず。

クラブ ♣

例えば…
- トランプでクラブのカードだけが手元に残る
- クラブモチーフを身につけた人

胸が熱くなる出来事がありそう。特に友人との絆が深まる、あるいは再確認することに。SNS上のコンタクトや、同窓会のお知らせには必ず反応すること。有益な情報をゲットするなど、得しかない様子。

暗闇

例えば…
- 明かりの少ない道を歩く
- 停電で真っ暗になる
- パソコン画面がブラックアウトする

リスタートがうまくいく予感。これまでの環境や習慣を一新すれば、あらゆる面をグレードアップできる。周囲の評判も高まり、恋や仕事に直結するはず。いったん、過去の自分を忘れてみては？

クリスマス

例えば…
- イベントに参加する
- クリスマス限定商品を買う
- クリスマスソングが聞こえる

ゆったりとして、安定した時間が訪れる。クリスマスの時期と離れていればいるほど、その傾向は強い様子。映画や音楽といった娯楽に時間を割けそう。その間に「自分らしさ」を再発見できる予感。

くるぶし

例えば…
- 家具などにぶつける
- 腫れて痛みを感じる
- くるぶし丈の靴下を買う

現状の慣習やシステムを「変えたい！」と思っている時に、しばしば目立つ部位。その感性は、自分にも周りにも利益をもたらすことに。ミサンガをつけると、改革を促進・成功させやすくなるので試してみて。

くるみ

例えば…
- くるみパンの差し入れ
- おつまみでくるみが出てくる
- くるみを食べるリスのイラスト

集中力がグッと高まるサイン。資格や昇進試験の勉強、根気のいる資料作りが、信じられないほどはかどりそう。また、恋の駆け引きができるように。狙った相手は必ず落とす"策士"が乗り移ったかのよう。

グレー 灰色

例えば…
- どの色の服を買うか迷って最終的にグレーを選んだ
- コンクリート壁の部屋を使う

どっちつかずの、中途半端な状態に陥りそう。告白をしても曖昧な返事しか期待できないので、積極的なアタックは一時中断を。また、変化のない日常に飽きてしまう可能性も。しかし、ハメを外しすぎると痛い目に遭うので注意。

黒 ブラック

例えば…
- 黒髪が印象的な人と話す
- 印刷機の黒のインクがなくなる
- 黒豆や黒酢など黒のつく食べ物

孤独を感じたり、希望を失ったりする予感。このイメージを払拭したいなら、運気や気分が上がる色の服を、意識的に身につけて。反面、何かの組織のトップになるなど、類い稀なる力を発揮する場合も。

【け】
(ke)

蛍光色
例えば…
・蛍光ペンを買い足す
・ファッションにネオンカラーを取り入れている人と会う

革新的な流れがやってきそう。あなた自身が、古い考えや体制を改革しようと発起したり、そういった動きが周りで起きる予感。戸籍の関係にとらわれない「新しい結婚の形」が身近に実現することも。

警察官 お巡りさん
例えば…
・検問に遭遇する
・パトロールを目撃する
・職務質問される

過去のウソや不正を思い出すきっかけがあり、良心の呵責にさいなまれることを暗示している。思い当たることがなければ、異性との間を取り持ったり取引先に口利きをしてくれるような、心強い味方の登場を表す。

携帯電話 スマートフォン
例えば…
・なくしてしまう
・突然故障する
・違う人に連絡してしまう

人間関係に変化が訪れるサイン。新しいコミュニティに参加したりポジションが変わったりと、フレッシュな空気が流れそう。いい関係を構築するコツは、物腰を柔らかくすること。癒やし系の待ち受け画面は◎。

劇場 舞台
例えば…
・演劇やコンサートに誘われる
・大きな劇場の前を通り過ぎる
・公演のチラシをもらう

紳士的な男性のエスコートや色っぽい異性とのふれ合いなど、"大人の恋"を楽しめそう。セクシャルな欲求が満たされる暗示でもある。気になる役者がいたら、そのキャラクターを真似すると好感度アップ！

消しゴム
例えば…
・落として転がっていく
・最後まで使い切る
・なかなか消えなくてイライラする

何かを消しているシーンは、過去に足を引っ張られる予兆。忘れたくても忘れられない恋や成功と、今の自分を比較しないこと。また、消しゴムを探すシーンなら、人前で恥をかいてしまうことがあるかも。

化粧品 メイク道具
例えば…
・サンプルをもらう
・同じ広告をあちこちで見る
・違うメーカーを試したくなる

異性にちやほやされる暗示。お見合いパーティーで人気投票1位になるような、自信を持てるきっかけがありそう。また、好きな人や恋人の存在が周囲にバレる予感。援護射撃や祝福が待っているので安心して。

消す 削除
例えば…
・文字を消す
・パソコンのデータを消去する
・SNSの投稿を削除する

「自分のせいにされたくない」もしくは「他の人のせいにしたい」と思うような失態を犯すサイン。言い訳やごまかしは通用しないどころか、火に油。いっそのこと潔く非を認めたほうが、株が上がると心得て。

結婚式

例えば…
- 友人から招待される
- 式を挙げている場面を見る
- ドラマや映画の結婚式のシーン

異なる性質のものを受け入れ、さらなる高みに上る暗示。「冷静」と「情熱」、「理性」と「感情」などが、ぶつかり合うのではなく混ざり合って化学反応を起こすイメージ。今までにない視点が持てるはず。

月食

例えば…
- 月食を観測する
- その日に重大な出来事がある
- 関連ニュースを耳にする

心に渦巻いていた、負の思いと決別できる。誤解が解けたり、相手の真意を知る機会がありそう。嫉妬や憎しみが、月が欠けるように消え去っていく。心がリセットされ、自然とポジティブに過ごせる。

月曜日

例えば…
- 月曜日に予定が集中する
- 振替休日になる
- 記念日になる

ハートフルなシーンに遭遇する。家族や同じ部署の人など"身内"との間にドラマが生まれそう。また、新規案件や新しい習い事を始めるのは不向き。アクティブに行動するより、内面と向き合うと吉。

煙

例えば…
- タバコの煙を吸ってしまう
- インセンスやお線香の煙
- 遠くに煙が見える

煙の色で意味が変わる。白煙は吉兆。同僚や友人からワクワクするような知らせがありそう。黒や灰色の煙は凶兆。特に吸ったり浴びたりしたら、悪い噂を立てられる前ぶれ。隠し事は裏目に出るので注意。

剣・刀

例えば…
- ファンタジー映画に出てくる
- 剣を持った人のレリーフや石像を見つける

トラブルが起こる予兆。特に、誰かが刺されるシーンは、大切な人があなたのもとを去る暗示。失いたくないなら、あらゆる事態を想定してシミュレーションしておくこと。引くより押すほうが効く運気。

ケンカ トラブル

例えば…
- ケンカしている人を目撃する
- 言い争う声が聞こえてくる
- 仲裁役にされる

迷いや葛藤が生まれ、心の中が乱れる予感。仕事や人間関係が、思い描いた通りに発展しない様子。「どうすべきか」よりも「どうしたいか」を優先させると吉。あなたらしさが、停滞感を打ち破ることに。

玄関 エントランス

例えば…
- 中から人が出てくる
- 玄関前で記念撮影をする
- 特徴的な玄関の家に招かれる

新しい関係や環境が生まれる予感。印象に残った玄関がキレイなほど、素敵な人や物との出会いが期待できる。また、自宅の玄関をキレイにしておけば幸運を招くとも言える。ぜひ掃除を習慣づけて。

建築中の建物 工事中の建物

例えば…
- 家の近くで大規模開発が始まる
- 行く先々で新しい施設が建築されているのが目に入る

理想と現実のギャップに苦しみそう。頭の中のビジョンは明確なのに、それを実現する手立てを持っていないということも。完成までには当分、時間がかかる様子。今はできることを、地道に進めておくこと。

【こ】
(ko)

恋人 彼氏・彼女
例えば…
- 友達が恋人を作る
- 隣にカップルが座る
- イチャつくカップルを見かける

知人なら、誰かの恋人やパートナーに惹かれてしまうサイン。しかし、それは一時的な感情。すべてを失う覚悟がないなら、誰にも相談しないこと。見ず知らずの人なら、恋の訪れはまだしばらく先の予感。

公園
例えば…
- 時間潰しに立ち寄る
- 意外な場所で見つける
- 待ち合わせ場所に指定される

新しい恋の予感。にぎやかな公園なら、友人からの紹介にツキがある時。普段は参加しない集まりや合コンに、積極的に参加して。寂しい印象の公園なら、1人でいる時に異性から声をかけられる暗示。

工事
例えば…
- 工事の騒音が気になる
- 通勤通学に使う道が工事中
- 工事現場のスタッフに挨拶される

転機の訪れを告げるサイン。例えばそれは引っ越し。自分の土台となる住居を移すことで、抱えている問題が不思議と解決したり、予想外の幸運をキャッチしたりできる。流れを変えやすいタイミング。

香水 フレグランス
例えば…
- 香水売場に立ち寄る
- 自分好みの新作が発売される
- すれ違いざまに香る人がいた

恋愛に対する姿勢への黄色信号。少し、大胆になりすぎているのでは？　実は、楽しいと思っているのはあなただけかも。今はグイグイ押すより、1歩引くほうが吉。相手の目をきちんと見て話すと効果的。

洪水 氾濫
例えば…
- 集中豪雨に見舞われる
- ニュースで目にする
- 水道の止め忘れであふれる

抑えていた欲求が爆発する暗示。一度に発散すると、とんでもないトラブルを招いてしまう。こまめに発散するタイミングを作って。休憩時間は何も考えず休むなど、気持ちにメリハリをつけると安定する。

紅茶
例えば…
- 茶葉をプレゼントされる
- 紅茶を出される
- お茶会に誘われる

交友関係が一回り広がる予感。今は1人でいても楽しさも成長もなさそう。明日の予定がないなら、すぐに連絡先を開いて。また、フレーバーティーなら、ムードのある甘い恋の訪れを示唆している。

コウノトリ
例えば…
- 絵本やイラストに登場する
- 動物番組で特集されている
- 動物園で見る

家族愛を再確認できる、うれしい出来事がありそう。食事や旅行の誘いは、家族や配偶者を優先して。また、子供との縁が生まれる予感。子宝に恵まれたり、親を亡くした子供との交流が生まれるかも。

後輩・部下

例えば…
- メールや電話が来る
- 一番に挨拶される
- 休日に偶然出会う

「なりたくても、なれなかった自分」を、後輩に投影してしまう。過度なプレッシャーをかけると、逃げられたり関係にヒビが入るので注意。できなかったことを託すのではなく、再チャレンジすれば成功を勝ち取る予感。

コウモリ

例えば…
- コウモリモチーフが目に入る
- 空を飛ぶコウモリを見つける
- 家に住みついた

とんでもない思い違いをしてしまいそう。親切心からの忠告を敵意に感じたり、裏のある甘い言葉に酔ってしまったり。正しい判断ができなくなる時なので、このタイミングでの決断は避けるのが正解。

声

例えば…
- 特徴的な声の人と話す
- 自分の声がよく通る感覚がある
- 懐かしい声を聞く

特定の人の声が気になったら「その人との関係を大切にすればうまくいく」というサイン。迷いがあるなら打ち明けてみて。子供の声が心地よく聞こえたら、新しいアイデアや関係が生まれる吉兆。

コーチ・指導者

例えば…
- 昔のコーチとの再会
- スポーツ番組で見る
- コーチをしている人と知り合う

ちょっとした厄介事が生じるかも。面倒に思っても、見て見ぬふりはしないこと。困っている人がいたら、手を差し伸べて。いずれは共に苦難を乗り越える"相棒"となり、大きな成功を分け合う予感。

コート・上着・ジャケット

例えば…
- 気になるコートを見つける
- 個性的なデザインのジャケットを着ている人がいる

身の危険を感じることがありそう。公道を歩く時はいつも以上に警戒心を持って。人事や派閥争いなどで「立場」を脅かされる場合も。保守的になりがちですが、時には守るより攻めるほうが功を奏すると心得て。

コーヒー

例えば…
- 訪問先でコーヒーを出される
- 周りが皆飲んでいる
- 自動販売機でふと目に入る

心浮き立つような、新しい趣味ができる暗示。行動力がアップして、意欲的に取り組めそう。また、年上の異性との恋の始まりを予期している。趣味のコミュニティでグッと距離が縮まるはず。今は仕事より優先して。

氷

例えば…
- 池に氷が張っている
- 氷がたくさん入ったお冷が出る
- かき氷の差し入れ

進めているプロジェクトや夢中だった異性に飽きてしまうかも。毎日を、ただ与えられるままに過ごしているのでは? ウソでも「もっとこうしたい」と自発的に動くことが、再び情熱を取り戻すカギ。

告白・打ち明け話

例えば…
- 誰かに告白される
- 誰かが大きな秘密を打ち明けている場面を目撃する

視点を変えることで、解決したり事態が好転する暗示。今のままでは行きづまるかも。システムを変えたり、奇をてらった作戦が的中しそう。特に、異性へのアプローチ法を変えると効果てきめん。

腰

例えば…
- 腰に痛みを感じる
- くびれたウエストの女性
- おしゃれなベルトをした人

恋愛運が好調になるサイン。好きな人からほめられたり、狙っていた人の連絡先をゲットできるかも。ウエストラインを強調した服装が好印象。一方、腰痛なら「方向性を見直して」というメッセージ。

子供

例えば…
- たくさん子供を見かける
- 子供に話しかけられる
- 大声で泣く子供

余裕が生まれる。忙しくても他人を思いやれるような、愛情に満ちあふれるサイン。また、親しい子供の状態は写し鏡。元気がないようなら、あなたも同じ。励ますことで、不思議と自分も前向きになる予感。

小鳥

例えば…
- 近くまで寄ってきた
- ペットショップで見かける
- 小鳥を飼っている人と会う

幸運が舞い込む予兆。特に、恋に関する素敵な出来事がありそう。好きな人から告白されたり、運命の出会いに恵まれたりする予感。2羽で楽しそうに飛ぶ小鳥を見かけたら、恋が目前まで迫っていると思って。

ゴマ

例えば…
- ゴマのスイーツが食べたくなる
- サラダにゴマドレッシングがかかっていた

古代バビロニアにおいて、恋を成就させるアイテムだったというゴマ。気になる異性の気を惹くチャンスが近づいているよう。迷わずアプローチすれば、幸運の波に乗れる。もう1人ではなくなるだろう。

ゴミ 不用品

例えば…
- 道に捨てられたゴミが目に入る
- 家の敷地に不法投棄される
- 部屋にゴミがたまる

不必要な物と、そうでない物の区別が曖昧になりそう。多くをため込んだ結果、取捨選択が面倒になり、すべてを手放す……なんてことのないように。「とりあえず」はNGワードと覚えておいて。

米 ご飯

例えば…
- レストランでパンよりご飯を選ぶ
- 福引でお米が当たる
- 仕送りでお米が送られてくる

富や財力の象徴とされる。食べているシーンなら、高価な物をもらったり、欲しかった物をプレゼントされる予兆。ご馳走になったり差し入れされたなら、特別ボーナスやお小遣いなど臨時収入の前ぶれ。

殺す 殺害

例えば…
- 害虫を退治する
- サスペンスの殺害シーン
- 殺人事件の速報が入る

考え方に、大きな変化が訪れる暗示。これまでの自分を"殺して"、新しく"生まれる"イメージ。異業種への転職やつき合ったことのないタイプの異性との交際の可能性も。精神的に成熟する予感。

怖い 恐ろしい

例えば…
- ホラーやサスペンスなどの怖い番組をつい見てしまう
- 無性に怖くなる瞬間がある

意地を張ってしまいがちに。自分の本当の気持ちを表現できず、苦しい思いをしているのでは? 協調性を大切にするのはいいこと。しかし人目を気にしすぎていては、身動きが取れなくなると気づいて。

【さ】(sa)

壊す 破壊する

例えば…
- うっかり物をダメにしてしまう
- お気に入りの物を使い潰す
- 古いやり方を壊す

現状を壊し、新しい状況を迎えるサイン。現在置かれた立場が悪いものなら、このチャンスを逃さないように。これまでの自分とは一味違う選択が、幸運の風を巻き起こす。破壊の後にある創造に期待を。

コンクール 大会

例えば…
- 近所でコンクールが開催される
- 知り合いが参加する
- 参加のお誘いがくる

特技や成果をうまくアピールできる機会がありそう。いつもより口が回るため、プレゼンや面接が成功しやすい。趣味や習い事で、次のステップに進む兆しも。新しいステージでいっそう楽しめるようになるはず。

コンサート ライブ

例えば…
- 気になるアーティストのライブ情報を得る
- コンサートに行く機会が増える

音楽のコンサートは、セクシャルな感情が高ぶる暗示。性格やスペックよりも、見た目や色っぽさで異性を選びたくなる。ロックフェスなど、にぎやかなほどその傾向が強め。開放的な恋を経験しそう。

彩雲

例えば…
- ふと空を見上げて気づく
- SNSの投稿を見る
- 人に言われて気づく

彩雲とは、太陽の近くにある雲が照らされてできる自然現象。色とりどりの美しい光で彩られた雲は、古くから吉兆とされている。特に人生における大きな転機の訪れを暗示している。近々、予想外のうれしい知らせがあるはず。

財布

例えば…
- 財布売場で足が止まる
- ファスナーや飾りが壊れる
- 他人の財布を拾う

目についた財布の状態で、暗示していることが変わる。ボロボロだったり、レシートなどでパンパンなら、不要な出費が増える予兆。キレイなら、金運アップの予兆。お金につながるチャンスが舞い込む。

サイレン 警報

例えば…
- サイレンの音が近づいてくる
- 複数のサイレンが聞こえる
- ちょうど音が止まる瞬間

あらゆることへの注意喚起と捉えて。救急車は病気やトラブル、消防車は争いや散財、パトカーは今、進めていることへの警告を表す。不安要素から目を逸らさないこと。早めに対策を打てば、大きな不運を避けられる。

坂

例えば…
- 坂道の多い町を歩く
- 急な坂を上ることになる
- 坂道に建つ家に招かれる

周囲からの評判を暗示する。上り坂なら、人気上昇中。その調子で進んで。下り坂なら、不信感を与えている可能性が。謙虚さを意識して。また、曲がりくねった坂なら、想定外のハプニングに注意が必要。

魚

例えば…
- シーフード料理店に誘われる
- 肉料理のランチが売り切れで魚料理を食べることになる

家庭内に幸福が訪れる予兆。特に2匹の魚は親子愛の象徴で、子宝に恵まれることも。ただし、傷んだ魚は凶兆。家族やパートナーが落ち込んでしまうことがあるかも。今は支える側だと覚えておいて。

酒 アルコール

例えば…
- 急に飲みに誘われる
- 大きなボトルを贈られる
- 景品で当たる

ディープな恋愛を楽しめる予感。恋のきっかけは昼よりも夜にあるよう。窮屈な現状から連れ出してくれる異性や、一夜限りの関係の相手が現れるかも。ただし、非日常を求めすぎるのはNG。

刺す

例えば…
- 画鋲で指を刺してしまう
- バラのトゲが刺さる
- 畳のささくれが足に刺さる

一時的に身動きが取れなくなる暗示。家のカギをなくしたり電車が止まる予感。大事な予定があるなら、時間に余裕を持って行動して。逃げ道を断たれてから、異動の話や異性からの告白があることも。

蠍座

例えば…
- 蠍座の友人からの連絡
- 10月末〜11月末の予定が多い
- 蠍座の人とばかり知り合う

あなたの核心をつくひと言が、波紋を呼びそう。問題は、その言葉に愛があるかどうか。愛情深い言葉であれば、周囲の心を動かすことができそう。浅い考えから発した言葉は、信用をなくすだけだと心得て。

雑誌

例えば…
- 本屋で目にとまった
- 友達が持ってきた
- 電車で隣の人が読んでいる

がっかりするようなことが起こる前兆。もしくは、現実逃避をしたいという強い思いが表れている場合も。今、自分が置かれている状況に心を痛めているなら、目を背けないで。立ち向かえば状況は変わる。

砂漠

例えば…
- 砂漠ツアーの広告を見つける
- カフェやレストランで砂漠の写真が飾ってある

絶望的な気分になる予兆。諦めムードが高まって「もう、どうでもいい」という投げやりな状態に。ただし、開き直りがいい方向に転ぶことも。「生まれ変わる下準備が整う」というサインでもある。

サボテン

例えば…
- たくさん飾ってある家を見つける
- 人からもらう
- 花が咲いていることに気づく

人間関係のトラブルが発生する予感。そして、あなたが解決のキーマンとなる可能性大。双方の話を聞いて中立を保てば、一気に存在感が増すはず。どちらかに肩入れしすぎると、巻き添えを食らうことに。

寒気 悪寒

例えば…
- 暖かい部屋で寒く感じる
- 人と話していて急に寒気がする
- 突然身震いする人を見る

急に寒気を感じたら、手づまりだったことに解決の糸口が見つかる兆候。何気ない会話や、何となく見ていたテレビからピンとくるものがありそう。思いがけない視点が得られるかも。試してみる価値あり。

サメ 例えば… ・テレビでサメの映像が出ている ・サメのマスコットやサメ柄のシャツを身につけた人を見つける	**皿** 例えば… ・立派なお皿が飾ってある場所 ・ふと食器棚の中に目がいく ・イベントの記念品になっていた
目上の存在から叱られるサイン。特にサメの鋭い歯が印象に残ったなら、あなたの言動に非がある可能性大。悪意ではなく成長のための言葉なので、落ち込まないでOK。態度を改めれば、すぐに平穏が戻る。	高価で美しく磨かれた皿なら、金運アップの予感。逆に使ったまま放置されていたり、汚れや欠けが目立ったりするようなら、金運の危険信号だと思って。思わぬ散財があったり、手痛い損失があったりするかも。
サラダ 例えば… ・飲み会でサラダを取り分ける ・3食必ずサラダを食べる人 ・"サラダ味"に縁がある	**猿** 例えば… ・猿のキャラクターを見つける ・街中で目撃する ・申年生まれとばかり知り合う
スリリングな体験をする予感。休日は、お化け屋敷やバンジージャンプなど "絶叫系" の娯楽に縁がありそう。刺激が強いほど、日常生活でオンとオフの切り替えが上手になり好影響。自分から誘うのも◎。	頭でっかちになることへの注意喚起。たとえ正論でも、周囲には屁理屈に映る恐れが。調子に乗って独りよがりになり、足をすくわれることになりかねない。今は、心に寄り添えるかが運気を左右すると心得て。
三角形 例えば… ・三角屋根が印象的な建物 ・トイレットペーパーがキレイな三角折りになっていた	**三叉路** 例えば… ・道を間違えそうになる ・間にある建物に用事がある ・三叉路で人に声をかけられる
あらゆることが安定していていく兆候。恋も仕事も "ベース" がしっかりしていくイメージ。そのため、次のステップを意識し始めるかも。土台がしっかりしているので、自信を持ってチャレンジしてOK。	三叉路は、過去・現在・未来が交わるパワースポット。何らかの大きな選択を迫られることがありそう。「AかBか」ではなく、選択肢はもう1つある、ということも示唆している。先入観は捨てるべき。
サンタクロース 例えば… ・店員がサンタクロースの帽子を被っている ・人形をたくさん飾っている家	
幸運を周囲に分け与えることがありそう。極端に例えるなら、宝くじが当たって両親にマンションを買ってあげるようなイメージ。「ありがとう」と言われるシーンが増えそう。自ずとモチベーションが高まる。	【し】(shi)

第2章／予兆キーワード事典〜メッセージを読み解くヒント〜

死・逝去
例えば…
- 好きな有名人の訃報が入る
- 身近な人が亡くなる
- ペットが死ぬ

これまでの生活や環境などが、終焉を迎えることを暗示している。あるいは、あなた自身の考え方や価値観に、大きな変化がある場合も。進化の過程で必要な節目なので、ネガティブに捉えなくてOK。

ジェットコースター
例えば…
- 話題のジェットコースターがある遊園地に誘われる
- 運行休止になっていた

マンネリ化した日常を変えたいのでは？新しく習い事を始めたり、部屋の模様替えをしたくなりそう。フレッシュな体験が吉。また、社内恋愛や友人が狙っている異性との交際など、「秘密」の関係が始まる予感。

塩
例えば…
- 塩気の強い料理を食べた
- 盛り塩を見つける
- テーブルの塩がちょうど切れた

前向きになる兆し。苦い思い出や引きずっていることから解放されそう。塩の入っている容器が気になる場合、金運上昇の吉兆。臨時収入が見込めたり、職場での立場がワンランクアップしたりしそう。

鹿
例えば…
- 野生の鹿が横切る
- 剥製を飾ってある場所に行く
- 便箋に鹿の絵が描かれている

鹿の角は毎年生え変わり、そのたびにより優れたものへと変化していく。あなたがどんどんバージョンアップしていく暗示。やることなすこと吉と出るので、どれだけ積極的に動けるかがポイントになる。

四角形
例えば…
- 四角いクッキーやおせんべいを差し入れされる
- 文字盤が四角形の腕時計

どっしりとした土台を意味する。しばらくは安定した日々が続く予兆。ストレスだったことから解放されるはず。精神的にも落ち着くため、普段見えないところまで目が届きそう。そこに成長のヒントが隠れているよう。

叱られる・怒鳴られる
例えば…
- 親が子供を叱る光景を見る
- 同僚が上司に叱られる
- 大勢の前で叱られる

意外にも、これまでのあなたの頑張りが正しく評価される予兆。「諦めるのはもったいない」というメッセージなので、根気強く続けること。アプローチしてきた仕事や異性関係で、ついに成果が！

事故・アクシデント
例えば…
- 目の前で交通事故が起きる
- 負傷シーンを目にする
- 人身事故で電車が止まる

恋も仕事も踏んだり蹴ったりな事態に……。あっちを立てればこっちが立たず、頭を抱えてしまう。また、健康に関するトラブルも。病院は慎重に選んだり、セカンドオピニオンを受けると難を逃れられる予感。

地獄
例えば…
- 題名に地獄がある、あるいは地獄がテーマの小説が目に入る
- 「地獄」という言葉が耳に入る

あなたの心の暗闇が、表に姿を現す予感。闇を消そうとしたり、見て見ぬふりをしたりしないこと。誰もが同じような闇を抱え、折り合いをつけて過ごしている。周りを見渡せば、上手なつき合い方が見えてくるはず。

獅子座

例えば…
- 獅子座の人からの連絡
- 7月末〜8月末の予定が多い
- 獅子座の人とばかり知り合う

根拠のない自信が湧いてくる予感。何か振り切れたように、恋も仕事もアグレッシブになりそう。また、人前に出ることに抵抗がなくなる暗示。ただし、見かけ倒しの実力は見抜かれるので、基礎固めを忘れないで。

死者・故人

例えば…
- 亡くなった人について話す
- 有名人の追悼番組
- ふと思い出して涙ぐむ

執着していることからの解放を暗示。過去の恋人を引きずっているなら、それを超える素敵な出会いがあるかも。「過去より未来を見なさい」というメッセージと捉えて。苦手な人との関係改善の兆しも。

辞書

例えば…
- 何となくページを開く
- 内容の改訂が話題になる
- 急に必要になる

これから、未知の世界へと踏み出すことを暗示している。期待と不安がない交ぜ状態であるものの、あなたの気持ちは前向きなはず。また「初めて」の体験も。しばらく"ワクワク感"を持続できそう。

地震

例えば…
- 大事な日に地震が起こる
- お店で地震対策グッズが目立つ位置に置かれている

家族や仲のいい友人に、災難が降りかかる可能性を警告している。さりげなく連絡を取って、近況を把握しておいて。あるいは、味方だと思っていた人物の裏切りに遭う予兆。疑わしきは罰する覚悟が必要。

舌・べろ

例えば…
- 舌を出している人のポスター
- うっかり噛んでしまう
- 口内炎ができる

意見が自然とシャットアウトされてしまいそう。特に、口内炎ができるのは、言いたいことが言えず、自分の思いを押し殺す暗示。正面突破が難しいなら手紙やメールなど、文字で伝えてみると効果的。

下

例えば…
- 集合住宅の下のフロアの住人
- 「下」がつく地名に行く
- 探し物が下のほうから出てくる

日常の些細なことに幸せを感じられそう。現実的で地に足の着いた考え方が、吉と出る時。理想論よりも「実現可能かどうか」が重要。また、家事の効率化を図ったり節約上手になったり、生活能力が高まる予感。

下着・インナー

例えば…
- 干してある下着が目に入る
- 普段着ない色を買う
- 人の下着が見えてしまう

デリカシーのないことを言われる可能性が。それはかねてから、あなたが不安に感じていたことかも。そこで憤りを隠すと、相手はさらにモンスター化する。初めにビシッと反撃すれば、皆が味方してくれるように。

実験

例えば…
- 街頭実験に参加させられる
- 科学番組を見る
- 興味深い実験の話を聞く

配偶者や恋人、気になる異性との接し方に変化が訪れるサイン。例えば異性の好みが変わったり、許せないと思っていたことが許容できるようになったり。味わったことのないときめきを覚えることも。

嫉妬　妬み

例えば…
- 誰かを妬んでいることを認識する
- ラジオや店内BGMで嫉妬心がテーマの曲が流れてくる

同性間でのトラブルに注意。同じ異性を取り合ったり、上司へのアピール合戦になったりしそう。嫉妬心が芽生えるのは決して悪いことではないが、態度に出すと裏目に出る。相手に情報を与えないのも、戦略の1つだ。

失敗　ミス

例えば…
- 大きなプロジェクトが頓挫する
- 人が失敗するところを見る
- 仕事でミスが重なる

「自分は社会に必要とされていないのでは」と不安になる事件の予感。名刺交換のルールなど、ビジネスマナーを勉強し直しておくと回避できるかも。また、目の当たりにした誰かの失敗と同じ経験をしてしまう場合も。

自転車

例えば…
- 乗る練習をする子供を見る
- ベルを鳴らされる
- 必要になって購入する

友人や趣味が増えて、世界がどんどん広がっていくサイン。すすめられたことやネットで話題のことには、積極的にチャレンジすると◎。ただし、転倒シーンを見たら、身の回りで事件が起きる前ぶれなので注意。

自動車　車

例えば…
- 家の外に自動車が停めてある
- キャリアカーが通る
- クラクションの音が聞こえる

車が気になるのは、健康状態が良好な時。多少の無理が利くので、頑張り時だと心得て。それがもしスポーツカーなら、瞬発力はあるものの持久力に難あり。後半にバテないようペース配分を意識して。

縛られる　束縛される

例えば…
- ドラマや映画で強盗や敵に縛られる人を見る
- 過密スケジュールに縛られる

自由を手にする前ぶれ。合わない会社をやめたり、うまくいっていない恋人と別れることも。ライフプランを再考するきっかけがあるので、じっくり自分と向き合うこと。あなたの本心に、すべてが味方するはず。

自分

例えば…
- 「私ならこうする」と思う
- 自分を見失いそうになる
- 自己分析をする

他人目線で自分を知る機会が訪れるサイン。それは、同僚があなたを話題にしているところをこっそり聞いてしまうようなイメージ。良くも悪くも、自分を知ることのできる機会。成長のヒントにしてみて。

島

例えば…
- 島に旅行することが決まる
- 話題になる
- 島国に出張になる

"お1人様"を満喫できる予感。1人旅や1人カラオケの魅力に気づけるので、思い切ってチャレンジして。また、家でゴロゴロするような、一見無駄な時間にも幸福感を覚えるよう。精神的に、無敵な状態に。

ジャガイモ

例えば…
- つけ合わせやサラダ、おつまみとして出される
- 八百屋で安売りされていた

粘り強さがアップする時。いつものルーティーンにプラスワンで成果を出せそう。無理だと思われたことを成し遂げて、周囲を驚かせることも。目上の人や苦手な人の横柄な要求に反論する勇気も備わる。

しゃがむ かがむ

例えば…
- 目の前の人が突然しゃがんだ
- 低い位置にある物を探す人
- しゃがんで遊ぶ子供を見る

人に知られてはいけない恋がバレてしまうかも。しかし、今はすべてが裏目に。憧れるだけなら害はないものの、それを行動に移すと評判が地に落ちる予感。一時的な感情に流されないよう、思慮深い判断を大切に。

写真 アルバム

例えば…
- SNSに飲み会や旅行のフォトアルバムがアップされる
- 昔の写真が出てくる

写っている人にコンタクトを取るといいことがあるサイン。思いがけないビジネスチャンスや異性の紹介に期待できる。SNSへの投稿に、積極的に「いいね！」を送るのも効果的。リアクションが起きやすいはず。

社長 トップ

例えば…
- 有名な社長に関するニュース
- 社長に声をかけられる
- 社長室に行く用事ができる

あなたのセールスポイントが、社長の印象で左右される。いい印象なら、さらに自信を深めて存在感を高めていく暗示。トップを狙える。嫌な印象なら、上位のライバルが現れたり、自信過剰で周囲から孤立する暗示。

十字路

例えば…
- 十字路で道を聞かれる
- 碁盤の目状になった町を歩く
- 向かいから来た人とぶつかる

ピンチに陥っている状態に、光明が差す吉兆。もうダメだと思ったことに意外な人が手を貸してくれたり、大どんでん返しが起きたり。「諦めなければ報われる」という、人生の教訓を得られるはず。

修理 直す

例えば…
- 自己流で修理する
- スマホの不具合を直す
- 実家がリフォームされる

仕事関係や交友関係において、修復しなければならない案件があるということ。早く手を打たないと、破談や絶縁など取り返しのつかない事態に。特に電子機器の修理の場合、その傾向が強まると心得て。

手術 治療

例えば…
- 知人が手術を受けることになる
- 医療番組で手術の解説が出る
- ケガをして治療を受ける

「重要なことを忘れないように」という天からの警告。商談の時間や恋人との待ち合わせ場所など、こまめに予定を確認すること。もし、失態を犯したなら、素直に謝罪を。逃げると、失態以上の罰を受けることに。

正月 元旦

例えば…
- いつかの正月を思い出す
- 映画やドラマで正月のシーン
- 例年と違う過ごし方をする

時期外れに正月を意識したら、そこから1年の運勢を推し量ることが可能に。明るいイメージなら、新しいことにチャレンジする機会が訪れる予感。退屈な正月なら、変わらない日常に飽きてしまうことを示唆。

上司 先輩

例えば…
- 休日にプライベートな連絡が入る
- 上司に似た人と知り合う
- ランチの時、隣の席になる

仕事の進め方や周囲の評価にモヤモヤする予感。もっと効率的なやり方や正当な評価を求めるなら、周到な準備をすること。思いつきの発言ではなく、具体的な数字のわかる資料や、説得力の増すエピソードがあると吉。

商人 セールスマン

例えば…
・営業の電話が相次ぐ
・熱心なセールストークを聞く
・時代劇で商人が登場する

新規プロジェクトを任されたり、新しい投資に挑戦したり、キャリア関連に新鮮な空気が入る予兆。今、アンテナを広げておけば、10年後のポジションや貯金額が大きく変わる。有益な情報が多いので見逃さないように。

消防車

例えば…
・サイレンが聞こえてくる
・何台も通る
・家の近くに停まっている

努力が報われる時。頑張れば頑張った分だけ、評価や結果が得られる予感。万が一、何かのトラブルが発生しても慌てないこと。今のあなたの力量があれば、うまく収めることができる。周囲からも一目置かれるように。

書類 資料

例えば…
・バラバラに落としてしまう
・書類がデスクにたまる
・記入漏れで返される

うずたかく積まれた書類は、自分のポストを脅かされる暗示。強力なライバルの出現や競合他社の躍進の可能性があるよう。ストレス過多になるので、いつも以上に身体のケアを。離脱が一番の痛手。

シラサギ

例えば…
・空を飛ぶ姿が見える
・高い場所にとまっている
・魚を捕える瞬間を目撃する

古くから神の使いとされる縁起のいい鳥で、幸運の予兆。シラサギはコウノトリ科であることから、特に人生のよきパートナーや子宝に恵まれることを暗示している。また、クリエイティブな分野での活躍にも期待。

尻

例えば…
・ヒップを強調した服装の人と会う
・ヒップアップエクササイズで他人のお尻を目にする

ふっくらとしたお尻なら、金銭関係で得をして生活の質が上がる吉兆。ハイクラスのマンションに安く入れたり、抽選で電化製品が当たるようなイメージ。逆に小さいお尻は、不測の出費に見舞われるサイン。

白 ホワイト

例えば…
・ふと見た家のベランダに真っ白なシーツが干されている
・町で白猫を見かける

分け隔てなく、いろいろなものを吸収できるサイン。異業種懇談会や外国人が参加するパーティーなど、別世界の人と話す機会がありそう。選択肢の幅が広がるはず。あなたはここから、何色にでもなれる。

信号

例えば…
・何度も赤信号で足止めされる
・次々と青信号に変わり、スムーズに進める

次々と青色に変わったなら、「立ち止まらないで、先に進みなさい」というメッセージ。周囲に反対されていたとしても、強行突破して。その判断が"正しかった"未来が訪れる。赤信号の場合、その逆の意味。

新札 ピン札

例えば…
・お釣りのお札が新札ばかり
・お祝い金用に銀行で交換する
・帯封つきのお札の写真を見る

財布が潤う"プチラッキー"があるサイン。例えば、お小遣いやお祝い金といった臨時収入があったり、フリマアプリで想定外の高値がついたり。大きい買い物や契約を決断する、ベストタイミングでもある。

神社 お寺	例えば… ・大きな神社仏閣を目にする ・夢の中でお参りする ・雑誌の中で特集されている

長年心の奥底に抱えていた悩みを解決に導く、救世主の登場を暗示。それは、あなたにとって母親のような存在の人。あれこれ理屈で考えず、素直にアドバイスを受け入れると、不思議と運が味方につく。

心臓	例えば… ・ハツを食べる ・「強心臓」など関連ワードを頻繁に耳にする

感動的な出来事に心を突き動かされそう。見栄や実利ではなく、やりがいや社会貢献に興味が湧く予感。転職や独立といった、大きな決断につながる可能性も。思うままに進めば、心地よい居場所を手に入れる。

新聞	例えば… ・電車で新聞を読む人が多い ・号外を渡される ・新聞の自販機を見つける

周囲の声に惑わされ、自分を見失う予感。人の意見に耳を傾けるのと、人の意見に左右されるのは違うと心得て。大切なのは、確固たる自分を持つということ。あなたにしかできないことがあるはず。

【す】(su)

彗星	例えば… ・大彗星接近のニュース ・彗星のごとく現れた助っ人 ・彗星の写真を見る

災いを引き取ってくれるものの象徴。社会あるいは身の回りに平和が訪れることを暗示している。争い事や険悪な関係に変化が訪れ、進むべき道が開けるはず。ボランティアに参加するといい出会いがある予感も。

水星	例えば… ・肉眼で観測できた ・水星の逆行期間 ・自分の星座に入る

コミュニケーション力がグンとアップする兆し。友人間の揉め事を解決しそう。また、仕事や勉強の効率化を図り、普段よりスピーディーに物事を進められるはず。締め切りがあるものは今のうちに進めて。

水曜日	例えば… ・水曜日ばかり予定が入る ・人から連絡がたくさんくる ・水曜の番組が特番でお休みに

ウィットに富んだトークができるようになる予感。社交性が飛躍的にアップ。交渉事があるなら、このタイミングがおすすめ。また、不思議と知識を吸収しやすくなる。特に、英語の勉強がはかどりそう。

スープ 汁物	例えば… ・スープ専門店が目に入る ・余った食材でスープを作る ・SNSで写真つきの投稿がある

人気運向上のサイン。上司にも部下にも、男性にも女性にも分け隔てなく好かれる予感。あなたの"優しさ"が万人受けするよう。また、甘えたい気持ちも生まれる。遠慮なく頼ると相手も喜ぶはず。距離がグッと近づく。

スカート

例えば…
- ショーウィンドウに目立つ色のスカートがあった
- スカートが何かに引っかかる

目上の人や権力のある人物に、かわいがってもらえるサイン。ただし有頂天になっていると、周囲からの嫉妬に悩まされることも。特別扱いはありがたく受けつつ、周りにも配慮できる"バランス感覚"が重要に。

スギ

例えば…
- 花粉のニュース
- 買った木製雑貨がスギ製
- 名前に杉がつく人と話す

諦めていたことに、もう一度チャレンジする機会が巡ってきそう。過去に捨てた夢を思い出してみて。スギの花言葉は不滅。「ダメだって、またやればいい」くらいの気持ちが、奇跡のリベンジの始まりになる。

ストッキング タイツ

例えば…
- ストッキングに伝線が入る
- 履こうとして破れる
- 普段履かない人が履いてくる

パッケージから出したばかりのストッキングが伝線したら、電撃的な出会いのサインかも。ただし左足から履いている人を見かけるのは、恋愛運ダウンのサイン。履く時は、右から履くと幸運を引き寄せると覚えておいて。

スピーカー イヤホン

例えば…
- 音が途切れる
- ハウリングを起こす
- 想像より大きな音が出る

不具合が生じているなら、「人の話に耳を傾けなさい」という天からのアドバイス。何気ない会話の中に隠れた、成長につながる金言をスルーしている可能性が。メールを見返してみると、ヒントがありそう。

スプーン

例えば…
- 外食で人数分より多く用意される
- 出産祝いとして贈る
- ワンスプーンオードブルを食べる

古くから幸運の象徴とされ、運をすくい取ることができるアイテム。理想の幸せがすぐそばに迫っていることを暗示している。特に、1つのカップに2本のスプーンが入っていたら、告白やプロポーズの可能性大。

スペード♠

例えば…
- トランプでスペードのカードが勝敗を決めるきっかけになる
- スペードモチーフのアクセサリー

ここぞという勝負に勝てる予兆。スペードはトランプにおいて、もっとも強いスート。大事な商談や恋の告白が成功しやすい。ただし、徹底的に相手を打ち負かしがちなので、時と場合を考えて加減するのも大事。

スポーツ選手 アスリート

例えば…
- ポスターに大きく載っている
- 本人を見かける
- 新聞やネットのトップ記事になる

同性なら、今のあなたが成功するためにあるべき姿を教えている。例えばキャプテンの選手なら、リーダーシップを求められていると心得て。異性なら、それは理想の恋人像。似ているタイプの人と出会いがありそう。

【せ】

(se)

性器

例えば…
- 関連記事を見かける
- 性器崇拝の神社にお参りする
- 性器が夢に出る

意中の人の目を気にするあまり、容姿や身体にコンプレックスを抱くことが。セックスレスなど性の悩みが生まれる可能性も。ただし、その相手は生涯を共にする運命共同体でもあることを示唆している。

制服 ユニフォーム

例えば…
- 中高生の集団を見つける
- 制服を着た業種の人と縁がある
- コスプレをしている人

好感を持ったなら、マナーや振る舞いをほめられる暗示。取引先や初対面の人から評価されやすいはず。一方、脱ぎ捨ててある制服など悪い印象の時は、「常識」を知らずに恥をかくことがあるかも。

背負う

例えば…
- 大きなリュックを背負う
- 子供をおんぶしている親が印象的に目に映る

仕事や責任を押しつけられそう。また、引き受けたことをプレッシャーに感じている様子。実際よりも重く受け止めすぎているようなので、まずは落ち着いて。1歩目を踏み出すと、意外とスムーズに進むはず。

咳

例えば…
- 突然むせる
- 大きな咳が聞こえてくる
- 咳を人にうつされる

「心の声」に従うと正しい選択ができるというシグナル。仕事を続けるか夢を追いかけるか、気持ちで決めるか条件で選ぶか……。社会や周囲の目を気にする必要はなさそう。忖度は後悔のもととなる予感。

セックス

例えば…
- 小説や映画で描写がある
- 動物や昆虫が交尾する
- 友達が話題にしてくる

「もっと深い関係になりたい」とドキドキできる異性が現れる。ただし、ガツガツしすぎないこと。飾らないあなたに好印象を抱かれるサイン。意識しすぎず、さらりとした対応をするのが成功のカギ。

石鹸 ハンドソープ

例えば…
- キレイに泡立つ
- 中身をつめ替える
- 新しい物や香りに替える

悪運をリセットするチャンスが到来。もともと石鹸は不浄な物を洗い流すことから、浄化のアイテムとされている。過去の失態を許されたり、後悔していたことにやり直しの機会があるので見逃さないで。

切ない

例えば…
- 切ない雰囲気のBGMが流れる
- 1日の終わりに切なくなる
- 本や映画がバッドエンドだった

心と態度がうまく噛み合わなくなるサイン。顔で笑って心で泣いているのかも。虚勢を張って、周囲に誤解されたり理解されにくかったりしやすい。もっと自分の弱い部分を見せるほうが、事態は好転する。

背中 後ろ姿

例えば…
- たくましい背中が印象的な人
- 人に猫背を指摘される
- 背中に言葉が書かれたTシャツ

大きくて広い背中は、信頼できるパートナーが現れるサイン。華奢な背中は、守ってあげたくなる存在が現れる予兆。前者は依存しすぎる、後者は過保護になりすぎると、共倒れになるのでほどほどに。

先生 教師

例えば…
・母校の教師と再会する
・授業参観に行く
・昔受けた授業を思い出す

優しく生徒をほめる姿が印象に残ったら、実力や功績に対して評価が低いことに不満を持つ暗示。具体的な数字でアピールすると吉。叱る姿は、実力以上の評価を受けるラッキーサイン。今こそ打って出るべき。

戦争

例えば…
・海外の戦争が報道される
・昔の戦争をもとにした映画
・戦争に関する書籍が目にとまる

自分の中で、本能と理性のせめぎ合いを感じているよう。どちらか一方を勝者とするのではなく「ちょうどいいバランスを保つには、どうすればいいのか」ということを考えて。無理な抑圧は裏目に出る。

せんべい

例えば…
・せんべいの差し入れをもらう
・食べ歩きで渡される
・マイブームになる

金運上昇のサイン。やった分だけ返ってくるボーナスタイムに突入する。本業でも副業でも、今手抜きをすることはもったいないと心得て。また、実績は必ずアピールすること。思わぬチャンスに恵まれるはず

【そ】
(so)

ゾウ

例えば…
・ゾウのイラストを見かける
・テレビに出ている
・ガネーシャの置き物と目が合う

何かをもらって得をする前兆。映画や旅行のチケットを譲り受けたり、思いがけず高価な物をプレゼントされるかも。また、人気運も上昇するサイン。異性や友人からのお誘いメールが鳴り止まない予感。

掃除 整理

例えば…
・テレビで掃除特集が始まる
・掃除すべきと指摘される
・何となく掃除グッズを買う

近々、家に人が訪ねてくる予兆。「その時」は急にやってくるもの。すぐに掃除を始めて。キレイな空間で迎えられれば、運気が好転する。家具の新調や模様替えを検討中ならグッドタイミング。後悔しない物を選べる。

葬式

例えば…
・葬式に参列することになる
・近所で葬式が行われている
・小説や映画の葬式の場面

実は、新しいチャンスの到来を暗示している。転勤や引っ越しの話は、幸運へのチケットと思って。また、苦手を克服するきっかけを掴める暗示でもある。食わず嫌いはNG。新しい味を知るチャンス。

掃除機

例えば…
・掃除機のCMが気になる
・掃除機が故障する
・中のゴミを捨てる時がくる

今抱えている問題が、一気に解決に向かう兆し。特に、友人との間にあるわだかまりがなくなりそう。険悪だった人やしばらく連絡を取っていなかった人からのお誘いは、優先的に受けるようにして。

| ソーセージ | 例えば…
・ソーセージが有名な店で飲み会が開かれる
・お中元やお歳暮でもらう | 卒業式 | 例えば…
・近くの学校で行われている
・会社から卒業する人がいる
・修了証書が出てくる |

悪い誘いに負けてしまいそう。普段は何とも思わない言葉が、とても魅力的に感じるかも。特にセクシャルな誘惑に弱くなる傾向が。心地いいセリフには裏があると思い、気を引き締めて。一瞬の気の迷いが命取りに。

何らかから自立、あるいは孤立するサイン。協調性も大事だが、"個"の力が試される時でもある。独自の人脈や発想を大事にして。また、花束を贈られるシーンなら、1人で何かを成し遂げるサインでもある。

| 祖父母 | 例えば…
・夢に出てくる
・いずれかから連絡が入る
・家に遊びに行きたくなる | 空 | 例えば…
・雲1つない青空を見る
・空の写真のポストカードをもらう
・ふと空を見上げる |

実はそばにいる、強力な味方に気づけるサイン。窮地に立たされても、手を差し伸べてくれる人が必ず現れるので、安心して突き進んでOK。また、今は新しい人脈を作るより、周囲との関係を強化すると吉。

晴れ晴れとした空は吉兆。何事もスムーズにいく時なので、アクティブに挑戦して。「迷ったらやる」が正解。雲に閉ざされた空なら、いったん様子を見るほうが無難。1つの選択肢にこだわらないこと。

【た】
(ta)

| 太鼓 | 例えば…
・太鼓の音が聞こえる
・テレビで太鼓のBGMが流れる
・太鼓のゲームにハマる |

悪い意味で目立ってしまう予兆。1人だけ遅刻したり、暗黙のルールを破って非難されたり……周囲から白い目で見られそう。太鼓の音が聞こえたら、いったん独自路線から外れ、協調路線に変更を。

| 逮捕 | 例えば…
・逮捕のニュースばかり聞く
・知人が逮捕される
・好きな有名人が逮捕される | ダイヤ | 例えば…
・トランプ遊びでダイヤを引く
・誰かにダイヤを自慢される
・本物のダイヤを目にする |

心に罪の意識を抱えている、もしくは抱える過ちを犯してしまうサイン。誘惑に負けないように、いつもより強い自制心を持つこと。隠し事はまもなくバレる予感。早めに謝罪するほど、罪は軽くなると心得て。

金銭的にも物質的にも豊かになる予感。自然とお金が舞い込んでくる運気に。高級料理をご馳走になったり、海外旅行に連れて行ってもらえたり、お金以上に貴重な"経験"を手に入れる可能性も。

ダイヤモンドダスト

例えば…
- ダイヤモンドダストを見る（テレビなどでも可）
- 氷の結晶モチーフのアイテム

「見ただけで、幸運が得られる」とされている、ラッキーサインの1つ。あなたに喜ばしいことが起こり、周囲も幸せになる。試験やオーディションなど何かの"結果"を待っているなら、十分期待できそう。

太陽・日差し

例えば…
- ふと見上げると、雲1つない快晴だった
- 眩しくて目が覚めた

ポジティブなことが次々と起こる吉兆。ワクワクするような、出会いや発見が多い予感。それらはすべて、成功の種。今肝心なのは、アクティブに動くこと。すると種はすくすく育ち、やがて大きな花を咲かせることに。

タオル

例えば…
- 誰かにタオルを渡される
- タオルを拾う
- 古くなったタオルが破れる

何かがリセットされる暗示。悩んでいたことが解決する場合もあれば、順調だったものに暗雲が立ち込める場合も。それは「何かを再スタートさせなさい」という天からのメッセージ。幸不運の分岐点にいると心得て。

滝

例えば…
- 旅先で滝を見つける
- 名前に「滝」とつく人と知り合う
- 蛇口から勢いよく水が飛び出す

事態が一気にスピードアップしそう。停滞していた問題が、急転直下解決に向かう。いきなり転勤を命じられたり、スピード結婚が実現することも。決断に時間をかけると損をするので、即断即決を心がけて。

タクシー

例えば…
- タクシーにスルーされる
- タクシーに煽られる
- 車内に忘れ物をする

目先の利益に目がくらむと、大事なものを失ってしまうことに。明日より来週、来月より来年の自分にどう影響するかを考えて判断すると◎。また、同時進行より、1つずつ進めるほうが片づきやすい運気。

竹・笹

例えば…
- 竹林を見つける
- たけのこ料理を食べる
- 竹細工にチャレンジする

努力の成果が現れる予兆。目に見えて数字が伸びたり周囲の態度が変わったりして、達成感に満たされるはず。1人で噛みしめず、周囲にアピールすること。特に家族に伝えると、さらに成長運アップ！

凧（たこ）

例えば…
- 凧で遊ぶ人を見る
- 凧が破れてしまう
- 糸が切れて飛んでいく

素晴らしいアイデアだと思っても、実際には机上の空論だったり、意味をなさなかったり。残念ながら、いい考えではない様子。人の意見を取り入れるなどして、現実路線にモデルチェンジをすると吉。

助ける・救出する

例えば…
- 救出シーンを見かける
- 困っている人を助ける
- 見知らぬ人に助けられる

今のあなたの「心の余裕」を測れる。助ける側なら、まだ力を余している状態。少し出しゃばるくらいが、周囲の評価を上げることに。助けられる側なら、ひとまず休むこと。無理をすると、大切なものを失いかねない。

竜巻 トルネード 例えば… ・渦巻き模様が気になる ・目の前でつむじ風が起こる ・「トルネード」の名がつく商品	**建てる 建設する** 例えば… ・家族や友人が家を建てる ・積み木で遊ぶ夢を見る ・何かのプランを立てる
予想外のトラブルに巻き込まれそうなので注意して。もしも、すでに今置かれた状況がよくないものだとしたら、逆にチャンスと捉えて。ひょんなことが束縛や思い込みといった檻を打ち壊し、あなたを解放してくれることに。	健康面を気遣う必要がありそう。基本的なうがい手洗いを徹底すること。特に生活習慣病に注意。運動不足や暴飲暴食など心当たりがあるなら、今すぐに改善して。未来のあなたを助けられるのは、今のあなただけ。
谷 例えば… ・テレビで谷の映像を見る ・谷が舞台の作品を目にする ・名前に「谷」がつく人と知り合う	**タヌキ** 例えば… ・野生のタヌキと遭遇する ・キャラクターとして目にする ・関連ニュースを見る
集中できない環境になったり、人間関係に緊張が走るなど、ストレスの波が押し寄せるサイン。負の感情に身を任せると、チームの成績が急降下する。スパやマッサージなど、1人でリフレッシュできると◎。	慕う気持ちがエスカレートする予感。信じすぎるあまり、ちょっとしたことで「裏切られた」と大げさに反応してしまいそう。過剰な期待や信頼は、相手にとって負担だけ。相手が及び腰になるのも当たり前と考えて。
楽しい 愉快 例えば… ・時間を忘れて楽しむ ・いつもより笑いのツボが浅い ・楽しそうな人を見る	**タバコ** 例えば… ・喫煙席に案内される ・ふとタバコの臭いが鼻につく ・タバコの販売機を見かける
些細な出来事や感謝の言葉で、想像以上に心が満たされそう。ただ、もしもあなたが「楽しいふりをしているだけでは？」と感じるなら、本心を押し殺して他人に合わせざるを得ない場面が訪れる暗示。	ネガティブな感情が折り重なり、心の奥底にたまっていく暗示。そこまで悪い状況ではなくても、絶望してしまいがち。視野を広げたり、物事の裏を読めばポジティブな要素が必ず見つかると覚えておいて。
食べる 食事 例えば… ・珍しいものを食べる ・食事のマナーを注意される ・頼んでいない料理がくる	**卵** 例えば… ・偶然卵の特売日だった ・割ると黄身が2つあった ・ペットの鳥が卵を産む
何かとイライラしてしまいがち。「何を食べているか」に注目すると、原因が判明しそう。例えばチョコレートなら、"甘さ"が原因。適当に仕事をしている後輩や、恋愛が順調な友人への嫉妬が原因かも。	新しい恋が始まるサイン。連絡先をゲットしたりデートに誘われることがありそう。急に仕事終わりに……なんてことも。常に臨戦態勢を整えておいて。ただし、腐った卵は凶兆。今は動かないほうが無難。

玉ねぎ

例えば…
- オーダーしていない玉ねぎのメニューが出る
- 人から玉ねぎをもらう

平穏な幸せをキープできることを暗示している。今何かを始めると、楽しく続けられる。検討中のセミナーや習い事に申し込んでみては？ また、最近始まった恋や出会った人との関係は、末永く続く予感。

ダム

例えば…
- お風呂の水をあふれさせてしまう
- ダム決壊のニュース
- ドライブの道中に見つける

想像力が高まるサイン。特にクリエイティブな分野で、いいひらめきが生まれそう。仕事でも趣味でも、創作物が評価されることに。一方、ダムが決壊するシーンなら、いよいよあなたの堪忍袋の緒が切れる暗示。

ためらう　躊躇

例えば…
- 足がすくむことがある
- 「ブレーキ」というワードを目にする
- 迷っている人を見かける

メリットもデメリットもよく見える様子。「これでいいのか」と葛藤する場面が訪れる。改善の余地があるなら、一度立ち止まるほうが吉。見切り発車は事故のもと。天からのブレーキサインだと心得て。

誕生日

例えば…
- 誕生日を間違えられる
- 意外な人から祝福される
- サプライズの場に居合わせる

インパクトの強い出来事がありそう。サプライズプレゼントや特別な経験が待っている。急な異動や転勤の可能性も。ただし、それは栄転。あなたの力を見込まれてのことなので、前向きに考えて。

【ち】(ti)

血　血液

例えば…
- 指を切ってしまう
- 血を流している人を見かける
- 献血に誘われる

流れる血が意味するのは、運気の上昇。悪いものを出し切って、いいものだけが残る予感。手のひらから出た血は、強い絆を表す。ずっと忘れていた、かつての友人や家族との約束を果たすことになりそう。

チーズ

例えば…
- チーズ製品が食べたくなる
- 専門店を見つける
- 手作り体験に参加する

願いが叶いやすい流れがきているよう。応募していたチケットが当たったり、希望の職場への移籍が実現するかも。コイン型にカットされたチーズは、金運アップの象徴。ちょっとした臨時収入に期待できる。

地下室

例えば…
- 待ち合わせが地下のお店
- 間違えて乗ったエレベーターがBIFなど地下に行く

心の奥底にある、本当の気持ちを示している。明るい地下なら、芯から前向きな状態。暗い地下なら、実は不安を抱えている証。たとえうまくいっているようでも、どこか納得できずにいる自分に気づくかも。

地下鉄

例えば…
- 地下鉄の構内で迷う
- 地下鉄が舞台のイベントや映画に誘われる

無意識にいいアイデアが生まれる予感。論理的思考ではたどり着かない発想が出てきたり、芸術的なインスピレーションが働いたり。いい案が出ず保留になっていた案件は、このタイミングで再検討すると◎。

遅刻

例えば…
- 自分もしくは相手が遅刻する
- セミナーやイベントに遅刻する
- 遅刻する夢を見る

何に遅れたのかに注目を。それが今後しばらくの、生活の中心になる暗示。デートなら恋愛、職場や学校なら仕事や勉強に偏りがちなライフサイクルになりそう。最低限のバランス感覚を忘れないように。

地図マップ

例えば…
- 地図がプリントされたアイテム
- マップアプリを開く
- 道案内のため地図を書く

地図が大きめor拡大されているほど、進行中のことが花開く吉兆。婚活をしているなら理想の異性とマッチングしたり、投資をしているなら大きな利益を出したりするイメージ。歩いている道が正しいことを教えている。

父

例えば…
- 家以外で偶然会う
- 用もなく電話がある
- 父親が写る写真が目に入る

優しい印象なら、権威のある人物からの手助けや、後ろ盾を得て成果を上げる予兆。逆に険悪なら、立場が危うくなるサイン。勢いに任せて上司にたてつくと、取り返しのつかないことになるので要注意。

チャイム

例えば…
- 珍しくチャイムが鳴る
- 知人の家でチャイムを聞く
- 隣の家のチャイムが聞こえる

「あなたが今していることや、考えていることは正しい」という天からのメッセージ。迷っている時間はここで終わり。思うがままに次のステップへの準備を始めれば、一気にランクアップできるはず。

注射

例えば…
- 急病で注射を受ける
- 予防接種を受ける
- 注射で泣き喚く子供を見る

正義感が奮い立つサイン。身近にいる人物の言動が、どうしても納得いかないかも。素直に従う気はなく、強い反感を覚える可能性が。覚悟があるなら、己の正義を守り通してOK。思わぬ人物に感心される予感。

注文オーダー

例えば…
- 注文を間違えられる
- 発注内容を誤る
- 頼んだ料理が売り切れだった

注文がスムーズにいかないのは、目標達成にはもう少し時間がかかるサイン。期限が目の前でも、一波乱ありそうなので気を抜かないこと。場合によっては、一からやり直しに。終わったことにケチをつけられることも。

蝶

例えば…
- 部屋に迷い込んでくる
- 身体のどこかに止まる
- 蝶ネクタイをした人と出会う

仕事や勉強などから解放される予兆。学生時代の夏休みのように、プライベートが充実するはず。旅行やレジャーへの誘いも多い予感。今はリフレッシュの時と割り切って、存分に羽を伸ばしてみては？

| 聴衆 観客 | 例えば…
・大勢の前でプレゼンする
・コンサートに足を運ぶ
・街頭演説を聞く | 超能力者 エスパー | 例えば…
・オカルト系の話題が上がる
・超能力者が主役の映画やドラマの予告を見る |

コミュニケーションがうまくいかない予感。部下が反抗的になったり、上司に放置されたりしがち。表現の仕方を180度変えてみると事態は好転。ラフな関係なら、少しピリッとした雰囲気を演出すると効果的。

何でも人任せの、堕落した生活を送ることに。このままでは周囲の信頼が一気になくなってしまうかも。すぐに答えを求めたり諦めたりしないで、「まずは自分で解決する努力をしなさい」というメッセージ。

| 朝礼 | 例えば…
・自分が朝礼で何かを発表する
・突然、朝礼が中止になる
・朝礼で驚きの発表がある | チョコレート | 例えば…
・チョコレートの差し入れがある
・手作りすることになる
・チョコ系食品のフェア |

億劫なことを押しつけられる予感。面倒な仕事や家事を任されそう。ただし、楽しげな朝礼なら、新しいことを始めるとうまくいくというサイン。資格の勉強やお稽古事を始めると、充実度が格段にアップ！

恋愛運アップのシンボル。心が躍るような出会いや、意中の相手と急接近するラッキーなハプニングに期待できそう。異性と2人きりでチョコレートを食べるのは、恋愛関係に発展する前ぶれ。好きな人に差し入れてみて。

【つ】(tu)

| 月 | 例えば…
・月がいつもより明るく見える
・月モチーフのアイテムをもらう
・水面に映った月を見る |

月はあなたの運気や感情を暗示している。これからどうなるのか、月の状態によって変わるのでチェックしてみて。先人たちは月の満ち欠けをライフサイクルの指針にして、幸運の波に乗ってきたと覚えておこう。

| （下弦の月） | 例えば…
・ふと気になった月が下弦の月
・暦で下弦の月の時期に珍しい出来事が起こる | （新月） | 例えば…
・ふと気になった月が新月
・新月の日に思いがけないハプニングが起こる |

月がしだいに欠けていく状態。「終わりに向かっていく」ことを暗示している。悪縁を断ち切ったり、過去への執着を手放すことができるタイミング。また、ダイエットが成功しやすくなる時期でもある。

幸先のいいスタートが切れるサイン。何かが始まる可能性が高まるのが、新月の特徴。恋や習い事、貯金など、今始めないのはもったいないと心得て。運に味方され、スムーズに目標を達成できるはず。

第2章／予兆キーワード事典〜メッセージを読み解くヒント〜

（上弦の月）

例えば…
- ふと気になった月が上弦の月
- 暦で上弦の月の期間に予定が集中してしまう

あらゆることが勢いづく前兆。自惚れるほどの"無敵モード"に突入する。月が満ちていくように、知識や人間関係の幅がどんどん広がりそう。実力以上の結果が出やすいので、積極的に手を挙げて。

（満月）

例えば…
- ふと気になった月が満月
- 満月の日に事件が起こる
- 満月モチーフを目にする

夢や目標が形になる暗示。達成感を味わい、一段落しそう。ただし、同時に物事が先細りになっていく前ぶれ。月が欠けていくように、可能性や選択肢が狭まっていく心配が。新しい挑戦は控えたほうが無難。

（スーパームーン）

例えば…
- ふと空を見上げたら、スーパームーンだった
- 話題に上がる

月が地球にもっとも接近する日に、新月や満月になるのがスーパームーン。大きな幸運をもたらす吉兆とされている。特に、発想や方法を切り替えると事態が好転しやすい。常識にとらわれないほうが吉。

机 デスク

例えば…
- 間違って別のデスクに座る
- 人の机を掃除する
- 机にいたずらされる

きちんと片づけられた机は、毎日が充実することを示唆。1日1回は達成感や満足感を得られそう。乱雑で汚い机なら、過小評価される暗示。少しオーバーに成果をアピールするくらいで、ちょうどいいのかも。

ツバメ

例えば…
- ツバメの巣を見つける
- ヒナの鳴き声を聞く
- ツバメのマスコットが話題になる

大きな幸せがやってくる前ぶれ。素敵な出会いや成功体験がありそう。ただし、巣を壊したり、ツバメに危害を加えると厄災が降りかかると言われているので注意を。特に、自宅に巣ができたら、運気は最高に。

爪

例えば…
- ネイルケアをする
- 誰かに爪をほめられる
- 他人の爪が気になる

爪を見ているのは、経済的な困窮や資金繰りが困難になることを示唆。お手入れをするのは、環境の変化が訪れるサイン。金銭的な制約からくる不自由な現状を、打破するきっかけを掴める予感。

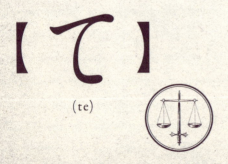

【て】(te)

手

例えば…
- 手が荒れる
- ハイタッチをする
- 手に傷ができている

「もう一度、やり直したい」と後悔することがありそう。それは、自信のなさから生まれた失敗。ウソでも、もっと堂々と振る舞えば運の流れがよくなるはず。「現状は悪くない」というメッセージでもある。

定期券

例えば…
- 定期券の期限が切れる
- 定期券が破損する
- 定期券を紛失する

もし定期券にトラブルがあったら、「自分は本当にその場所に行きたいのか」と問いかけてみて。職場や学校に縛られなくても、あなたの力は十分に発揮できるのだという、天からのメッセージだと思って。

手鏡

例えば…
- 手鏡が割れる
- 鏡面が曇る
- なくしてしまう

己を見つめ直す機会がありそう。人から容姿や性格について、何らかの指摘をされるかも。それは、あなたがグレードアップするための金言。メイクを変えたり、習慣やクセを改められるチャンスと考えて。

手紙 メール

例えば…
- すれ違いになる
- 宛先不明で戻ってくる
- 他人宛の物を受け取る

その内容とは裏腹の事態を暗示している。いい内容なら、災難が降りかかる前ぶれ。浮かれていると足元をすくわれるので、一喜一憂しないこと。悪い知らせなら、実は異性や上司からうれしい知らせがある前兆。

テスト 試験

例えば…
- 問題集を目にする
- 抜き打ちテストが実施される
- テストに関する話題を耳にする

実力を試す絶好の機会が訪れる暗示。仕事なら、急にアイデアや新規プロジェクトの参加メンバーの募集がありそう。恋愛なら、友人からの紹介があるかも。周囲の目を気にせず、自分らしく動くといい結果に。

デパート 百貨店

例えば…
- 迷子になる
- 待ち合わせ場所に指定される
- 館内放送で呼び出される

休日の予定や恋人候補……。選択肢が多すぎて、迷いが生じるサイン。「欲しい」かどうかではなく「必要」かどうかにウエイトを置いて。誰かが買った物が気になったなら、そこに幸運のヒントがある予感。

手袋

例えば…
- プレゼントされる
- 破れて穴が開く
- 色あせたり、汚れが目立つ

労せずとも成功を得るサイン。自然と周囲の人が助けてくれる。ただし、手袋をプレゼントされた時だけは注意して。厄介事に巻き込まれる暗示。仕事も異性からのお誘いも、いったん保留にするのが吉。

テレビ

例えば…
- テレビが故障する
- とある番組をすすめられる
- 見たい番組の日時を間違える

ずる賢い人にだまされるかも。うまい話を持ちかけられても、即決は避けたほうが無難。職場でのポジションや好きな異性が奪われることも。1人では太刀打ちできないので、信頼できる人に相談をすること。

転校 転職

例えば…
- 転校生と仲良くなる
- 転職で人間関係が変わる
- 自分が転校する夢を見る

意外な場所で、今まで気づかなかった予想外の才能が開花する暗示。例えば、料理教室でトーク力が覚醒するようなイメージ。今の居場所に固執する必要はないということ。他部署や異業種で活躍できるのでは？

天国	例えば… ・故人の夢を見る ・死後の世界に関する話題を聞く ・絵や物語の中で目にする	天使	例えば… ・白い羽を発見する ・光の輪を目にする ・関係のある伝説や物語を聞く

満足できる状況にあることを示す。もしくは、幸せな気分になれる時が、もう少しでやってくるという吉兆。もし、現在がつらい状況にあっても、諦めないこと。ポジティブな要素が見えてくるまで、もう少しの辛抱。

近々うれしい知らせが届くことを表す。好きな異性からのお誘いや、気がかりだったことが解決したという知らせがあるかも。それはどこにでもやってくるので、SNSなどをこまめにチェックしてみて。

電車 列車	例えば… ・本数の少ない電車を偶然見る ・誤った路線に乗ってしまう ・電車の写真のカレンダーを見る	テントウ ムシ	例えば… ・映像、写真、実物を見かける ・キャラクターを目にする ・モチーフにしたアイテムをもらう

電車に表示された行き先は、あなたの人生に深く関わる場所であると暗示している。休日にふらりとそこに出かけると、素敵な出会いや発見がありそう。ボディカラーが気になったら、その色の項目を参照して。

近いうちに、胸がときめくようなことが起こる予兆。特に、新しい恋が待っているサイン。普段より少しおしゃれをして外出すると吉。電車で声をかけられるような、ドラマチックな恋の始まりに期待できる。

天王星	例えば… ・リーダー的ポジションにいる人と知り合う/仲良くなる ・惑星記号（♅）を目にする	天秤座	例えば… ・天秤座の友人からの連絡 ・9月末〜10月末の予定が多い ・天秤座の人とばかり知り合う

革命的なことが起こる前ぶれ。仕事や恋、人生に行きづまりを感じているなら、今が改革のチャンス。新境地を開拓できるかも。また、発想力が冴え、人が思いつかないようなアイデアが湧き出ることも。

物事の偏りがなくなる暗示。仕事人間には恋愛のチャンスが訪れ、趣味に全力の人は仕事のやりがいを見つけることがありそう。それが相乗効果を生み、充実度が格段にアップ。精神的にも安定する予感。

電話の音 着信音	例えば… ・会議中に鳴る ・電車の中で鳴る ・着信音で目が覚める

抗えない運命が近づいてきているサイン。目先のことや小さなことではなく、「人生とは」など哲学的なことに思いを馳せてみて。生まれてきた意味がわかるような、スピリチュアルな出来事がありそう。

【と】
(to)

ドア・扉

例えば…
- 自動ドアが反応しない
- 偶然扉が開く
- 思ったよりもドアが軽い

新しい世界から誘われているサイン。外向きのドアは人脈が広がる暗示で、よりよい環境を手に入れそう。内向きのドアなら、あなたの成長が周囲に認められる予兆で、ポジションがランクアップする予感。

トイレ

例えば…
- 人の家で借りる
- 掃除の担当になる
- 故障する

トイレが清潔なら、お金が舞い込んでくる吉兆。ボーナスが跳ね上がったり、お得なローンや保険を組めたり、生活が豊かになる。汚いトイレなら、金運ダウンの知らせ。投資やギャンブルは控えて。

塔・タワー

例えば…
- 遠くから目に入る
- モチーフとして見かける
- 伝説や物語の中に登場する

プライドに足を引っ張られることになりそう。過剰なアピールや自慢話をするほど、比例して人気や評価が下がってしまうことに。今は言いたいことが10あっても、口に出すのは3程度に抑えるほうが好印象。

洞窟

例えば…
- 探検する
- 防空壕を見つける
- 雨宿りをする

抱えていた難題から解放される予兆。何気ない会話から誤解が解けるなど、ひょんなことから悩みの解決策が見つかり、心が軽くなりそう。すると、今まで気づけなかった日常の喜びや、感動を全身で感じるように。

遠ざかる・離れる

例えば…
- 別の場所に案内される
- 違うフロアになる
- 座席がバラバラになる

誰が遠ざかっていったかに注目を。その人と、もっと大きな意味で離ればなれになるサイン。転勤・転校で引っ越したり、海外留学に行ってしまうのかも。「今日が最後」のつもりで接すると後悔しない。

通りすがりの人

例えば…
- 夢の中で
- 見知らぬ土地で
- スクランブル交差点で

その人の言動に注目を。気になった言葉は覚えておいて。近々、同じ悩みを持つ予感。例えば、進路に悩む学生とすれ違ったら、あなたも進路に悩むということ。転職や独立のきっかけとなることがありそう。

時計

例えば…
- 止まる／ズレている
- 買い替える
- おしゃれな時計に目がとまる

正常に動いている時計なら、情熱的な出来事がある予感。好きな人と愛を確かめ合ったり、友人と本気のケンカをしたり、「心」で動きそう。一方、時計が止まっているなら、誰かとの関係がドライになるサイン。

図書館

例えば…
- 図書館に行く用事ができる
- 利用会員カードが出てくる
- 訪れたカフェに併設されている

素晴らしいアイデアに恵まれる予兆。知識と遊び心のバランスが取れた、優れた企画が出てきそう。あなた独自の意見や構想を発表すると、周囲に絶賛されるかも。集中力も高まり、実績が1つ増えることに。

土星

例えば…
・ニュースに出てくる
・惑星記号（♄）を目にする
・土星モチーフのアイテムに縁が

試練の予兆。物事が進まず、じっと耐え忍ぶことになりそう。とはいえ、ここで立ち止まるのは、ただのロスタイムにあらず。次の一手に向けた準備を怠らなければ、反撃の機会は必ずやってくる。

隣の席

例えば…
・ふと気になる
・会話が聞こえる
・個性的な人が座る

隣の人の会話が気になったなら、それは今の自分に向けられた重要なメッセージ。誰かを称えているなら、あなたへの周囲の評判が上々であるサイン。グチが聞こえたなら、あなたに改めるべき言動があるという警告。

飛ぶ

例えば…
・空を飛ぶ夢
・飛行機のシミュレーション体験
・パラグライダーを見かける

現在進行中のことが、問題なく進む吉兆。好きな人から連絡が返ってこなかったり、取引先から資料が届かなくても慌てないこと。1日以内には返事がくる予感。急かすと裏目に出やすいので気をつけて。

トマト

例えば…
・トマト柄の衣服をまとった人
・ケチャップで書かれた文字
・お弁当に入っている

魅力的な異性を惹きつけるサイン。身を焦がすような、情熱的な恋が始まる予感。頭で考えず、心の欲するところに従って。流れに身を委ねれば、今までに経験したことのない、ディープな日々に満足できる。

土曜日

例えば…
・土曜日放送の番組にハマる
・決まって何かが起こる
・文章やセリフの中で目にする

家のことに集中するほうが、成果を挙げやすい予感。掃除や洗濯を楽しく感じられそう。仕事や恋人を1日限定で忘れてみては？かえって、やりがいやありがたみを感じて、"熱"を取り戻せるはず。

ドラゴン／龍

例えば…
・モチーフや名称を目にする
・夢の中や創作物に登場する
・龍の形をした雲を見かける

運気急上昇で超展開の前ぶれ。八方塞がりで身動きが取れないと思っていても、天空への道が現れるような、起死回生がありそう。早々にリタイアせず、ギリギリまで粘った人が幸運を掴むと覚えておいて。

トランプ

例えば…
・珍しい上がり方をする
・カードが折れる／破れる
・トランプを使った手品を見る

目立ったカードが、どんな幸運の流れに乗っているかを教えている。ハートは恋愛、スペードは仕事や勉強、ダイヤはお金、クラブは友情に関係する運気を暗示。その分野に力を入れる時だと心得て。

鳥

例えば…
・鳴き声を聞く
・羽根を発見する
・家に巣を作られる

親鳥なら、大人な恋の訪れを予感させる。ラグジュアリーな場所でデートをしたり、駆け引きを楽しんだりできそう。一方、健康面で不安が生じる可能性も。休むことも仕事のうちだと考えるようにして。

トロフィー 賞状

例えば…
- 表彰される
- 家を整理している時に出てくる
- ネットゲームなどで殿堂入りする

派手な勝利を掴む前ぶれ。プレゼンが大成功して新規取引先を開拓したり、出世争いで1歩前に出る予感。不思議と嫉妬ではなく、羨望の目で見られるので鼻高々。勢いのままに次のプランを練ると◎。

泥棒

例えば…
- キャラクターとして目にする
- 窃盗、万引きの映像を目にする
- 私物を盗まれる

誰かに依存しすぎる暗示。同僚にすべてを任せたり、恋人を束縛したりしがち。相手は優しい顔をしているが、内心はフラストレーションが……。今意識を変えれば、大きく関係が崩れることはなさそう。

トンネル

例えば…
- 崩落の現場に遭遇する
- トンネル内で足止めを食らう
- トンネル内で地震が起こる

大きな問題が生じる前兆。交際、あるいは結婚間近の揉め事、締め切り直前のトラブルといった、「目の前が真っ暗になる」ような事態に。とはいえ出口はある。今大事なのは、後ろを振り返らないこと。

【な】
(na)

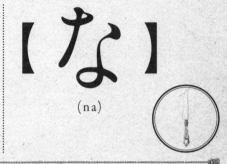

ナイフ 包丁

例えば…
- ケガをする
- 刃が欠ける
- 人に研いでもらう

ナイフや包丁といった刀身が短い刃物は、知性を象徴している。知的好奇心が向上したり、インテレクチュアルな趣味や習い事に縁がありそう。特に、謎解きイベントに足を運ぶと、いい出会いに恵まれる予感。

流す

例えば…
- 意外な物が川を流れている
- 水を撒くシーンを見る
- 灯篭流しを見かける

悪縁を断ち切ることができそう。苦手な人との関係や過去の因縁を清算できる予感。流し雛や灯篭流しなど、古くより「流す」という行為には、浄化の意味合いが。執着心や無駄な慣習から解放されるはず。

流れ星

例えば…
- 実際の光景を見る
- 写真やイラスト、映像で見る
- 歌詞に「流れ星」が出てくる

望みが叶う、代表的な吉兆。手の届かなかった存在が、目の前に降りてくることも。ハイスペックな異性や実力以上のポスト・収入を得られるかも。また、それが流星群なら、見失っていた目的を再確認できる予感。

殴る 叩く

例えば…
- 人が殴られるシーンを目にする
- 殴る／殴られる夢を見る
- 拳がデザインされたアイテム

幼稚さや浅はかさが目立ち、落ち込むことがありそう。相手を大切に思っているからこその感情なので、気にしないこと。罪悪感で感傷的になりがち。自分を責め続けると、他人をも責め始めるので自制して。

| 懐かしい ノスタルジック | 例えば…
・思い出話に花が咲く
・昔の知人から連絡がある
・懐かしい風景や食べ物 |

心配事が解決されホッとする出来事がありそう。ミスが帳消しになったり、和解のシーンがあったりする兆し。特に、味覚で懐かしさを覚えるのは、母親、あるいは母親のような存在に関することで安心材料が増える予兆。

| 名前 苗字 | 例えば…
・名づけ親になる
・読み方を間違えられる
・印象的な名前の人と知り合う |

対人関係が良好になるチャンス。インパクトの強い事件が起きて、同僚や友人との絆が深まることになるかも。下の名前で呼んだり、普段とは違う呼び方は好印象。グッと距離が縮まり、疑心がなくなる。

| 涙 泣く | 例えば…
・泣いている人を見かける
・思いがけず涙を流すことがある
・子供の泣き声を聞く |

感受性が豊かになるサイン。些細なエピソードに大きな感銘を受ける。そのため、人生を見つめ直す時間があるはず。未来の不安はいったん据え置きして、「今やりたいこと」にピントを合わせてみては？

| 悩む | 例えば…
・誰かに悩みを相談される
・ドラマや漫画で葛藤シーンを見る
・魅力的な選択肢が増える |

その悩みがあなたにも迫っている、もしくは深まる暗示。相談された恋の悩みが印象的なら、自身にも恋愛トラブルがあるかも。また、体調を崩す予兆でもある。厄災を避けるためにも、深く考えすぎないで。

【に】

(ni)

| ニキビ | 例えば…
・自分にニキビができる
・他人のニキビが気になる
・ニキビケアの話題になる |

自分にできたなら、何かが新しくなる予兆。新任の部下や新規プロジェクト、新品の備品などに縁がある予感。身近な人にできるのは、その人との関係性がこじれるサイン。さわらぬ神に祟りなしと心得て。

| 憎い ムカつく | 例えば…
・腹の立つ人物がいる
・怒りを感じる出来事があった
・悪口やグチを言った |

さらにストレスがたまる暗示。互いにイライラしたり疑ったり、ネガティブな感情のスパイラルに巻き込まれそう。休暇を取ったり距離を置いたりすると◎。いったん抜け出せば、「くだらない」と笑えるように。

| 肉料理 ビーフ・チキン | 例えば…
・専門店の情報が目に止まる
・食べ放題に誘われる
・オーダーミスで運ばれてくる |

体力低下の暗示。残業が続きそうだったり、休日に予定を入れすぎたりしているのでは？「スタミナをつけておかないとリタイアする」という天からのメッセージと言える。何事も身体は資本だと忘れないで。

西

例えば…
- 出かける方向が西だった
- 気になる人が西に住んでいる
- 「西」のつく地名に行く

何かが終焉を迎える予兆。どんなにすごいことも、永遠には続かないことを知る。感傷に浸ったり、栄光にしがみついている時間はなさそう。経験を活かして前を向けば、さらに上のステージに招かれると心に留めて。

虹

例えば…
- 虹を見かける
- 全色揃った色鉛筆を目にする
- レインボーの食べ物を味わう

ラッキーサイン。恋もビジネスも、"押し時"がきている様子。自分や商品を猛プッシュすれば、これまで積み上げてきたものと相まって、大きな成果が得られる。ただし、虹を指差すと不運を招くので控えること。

日曜日

例えば…
- 記念日が日曜日と重なる
- 大切な予定が入る
- 日曜日生まれの人と知り合う

大きな幸運の始まり。運命の人や天職との出会いに期待できる。また、キリストの復活にあやかって、何かをスタートさせるのに向いている日。頭よりも身体を先に動かせば、どんどん幸せの数が増えていく。

日記・手帳

例えば…
- 手帳や日記を見返す
- 誰かの日記を見てしまう
- 紛失、または盗まれる

自己愛がエスカレートしていることへの警告。自分中心な態度で周囲から敬遠されたり、ナルシストな一面を出して引かれることも。自分の世界に閉じこもらず、周りを見渡してみれば心境も状況も一変する。

日食

例えば…
- 急に日食の話題になる
- 映像や資料で目にする
- 日食の日に印象的なことがある

大きな自己改革が始まる予感。占星術において、太陽は自分自身を指す。そして日食は広い意味で捉えれば、一時的な太陽の死を表す。つまり日食とは、古い自分の死と、その再生を意味しているということ。

入学式・入社式

例えば…
- 新入生、新入社員を見かける
- 自分が式に参加する
- 写真や映像を目にする

縁のある学校や会社なら、初心に帰ると事態が好転する暗示。青臭いアイデアが大化けする予感。無関係の式なら、近々周囲の環境がリニューアルされるサイン。聞きたいことは早めに聞いておくべき。

乳房・胸

例えば…
- 授乳のシーンを見かける
- 裸婦の像または絵画を見る
- 家畜の搾乳体験をする

母性が高まり、幸せな家庭を強く欲していることを教えている。お金や結婚など不安要素に追いつめられ、感情が暴走する前兆でもある。人に当たるのではなく、趣味や仕事など、健全な力に変えると吉。

ニラ

例えば…
- ニラ料理を振る舞われる
- スーパーなどで見かける
- 餃子をよく食べる

あなたのコミュニティに災難が降りかかるが、個人としてはうまく回避できそう。そのため、自動的に存在感がアップ。好機と捉え積極的に動いて。災いが転じて、「出世」「人気」といった福をなすことに。

にらむ

例えば…
- 人からにらまれていると感じた
- 無意識に険しい表情をしていた
- ポスターのモデルの視線が鋭い

邪気が蔓延していることへの警告。最近、上司の機嫌が悪かったり電車が止まったり、些細なアンラッキーが多いのでは？ 不運を祓うためには、バスソルトがおすすめ。身体も運気もリフレッシュできるはず。

人魚

例えば…
- キャラクターとして見かける
- グッズやアイテムを見る
- 人魚の夢を見る

劣等感を抱くことがありそう。消し去ろうと躍起にならず、上手につき合う方法を考えて。見方を変えれば長所になり得る。また、迫る危険を知らせている場合も。事故やケガには、十分気をつけたい時。

人形 ぬいぐるみ

例えば…
- 誰かからプレゼントされる
- 絵や写真、映像で目にする
- 人形作家の展示を見かける

あなたが周りにどう見られているかを暗示。「かわいい」と思うなら、人気運上昇の知らせ。自信を持って行動できるようになりそう。「薄汚れている」と感じるなら、思い切ってイメチェンすると魅力度アップ！

ニンジン

例えば…
- ニンジンの量が多いカレー
- 名産地に行く
- レシピが目に留まる

公私共にモテ期到来の予感。人事異動で取り合いになったり、仕事の依頼が集中するかも。異性からのアプローチも多いはず。どちらも逃さないよう、優先順位をつけてスケジューリングすること。

ニンニク ネギ

例えば…
- 専門の料理店を見かける
- ニンニクの臭いが気になる
- 買い物袋から見えている

周囲からのプレッシャーに負けてしまいそう。貧乏くじを引かされ、労力の割に実りの少ない仕事を担当させられるかも。でも実は、これは試験のようなもの。腐らずに取り組めば、成果以上の評価を受ける。

妊婦

例えば…
- 電車で席を譲る
- 声をかけられる
- マタニティマークを見かける

温めてきた夢や計画が実現する予兆。そのためには、何かを手放さなければならないこともある。目先の利益や不安に支配されないこと。今、臆せずチャレンジすれば、最高の人生が幕を開ける予感。

【ぬ】

(nu)

脱ぐ

例えば…
- 服を脱ぐシーンを目にする
- 動物が脱皮する光景を見る
- 果物などの皮をむく

自分や環境をリニューアルしたい願望を表す。敬遠していたメイクやファッションにチャレンジしたり、模様替えやリフォームを現実的に考えるかも。実際に決断しなくても、新鮮な気持ちで過ごせそう。

沼

例えば…
- 「沼」とつく地名、人名を見る
- 沼地に足を運ぶ
- 映画で人が沼に沈むシーンを見る

感情のブレーキが効かなくなる兆候。つい怒鳴ってしまったり失言したりして、信頼が失墜してしまう可能性が。周囲もいつも以上にピリつく雰囲気なので、大げさなくらいの謙虚さが必要だと心に留めて。

濡れる

例えば…
- 雨に濡れる
- 車や人に水をかけられる
- 水をこぼしてしまう

少しだけ濡れるのは、不完全燃焼で終わる暗示。モヤモヤ感だけが残ってしまうかも。一方、全身がびっしょり濡れるのは、恋愛関係で事態が好転するサイン。デートの誘いや告白は吉と出る"攻め時"の到来。

【ね】(ne)

ネイビー／紺

例えば…
- 気になった人の服が紺色
- 「紺」とつく地名、人名を見る
- ネイビーのアイテムをもらう

気が引き締まるきっかけがありそう。上司からの熱い言葉や恋人の本音が聞けるかも。今まで目を逸らしていた「甘え」や「逃げ」に気づくはず。今態度を改めれば、ワンランク上のステージに進めると心得て。

ネクタイ

例えば…
- プレゼントされる
- 人のネクタイを結んであげる
- 珍しい柄や色を発見する

社会的な立場や地位が上がる暗示。高いポストについたり、優遇される立場になったりする予感。また、趣味やボランティアの功績が称えられる場合も。新聞や雑誌で取り上げられ、"プチ有名人"になる可能性も。

猫

例えば…
- 絵や写真、実物を見る
- 鳴き声を聞く
- 野良猫が寄ってくる

恋のライバルが出現する予兆。または、あなたのわがままな言動が恋を遠ざけ、異性の心を冷ますというサインなので注意を。子猫の場合はパートナーや、親しい友人からの嫉妬に悩まされることになりそう。

ネズミ

例えば…
- 絵や写真、実物を見る
- 関係のある話題を耳にする
- ネズミのキャラクターを見る

予想外の展開が起こる前ぶれ。意識していた人とは違う人から、評価されたりデートに誘われるなど、選択肢が増えるはず。特に、白いネズミは恋愛関係でのラッキーハプニングを暗示。一気に距離が縮まる予感。

寝違える

例えば…
- 自分が寝違える
- 家族が寝違えている
- ぬいぐるみの首が据わらない

先入観やこだわりが仇となる警告。柔軟な対応が求められていると気づいて。マニュアルに従うのではなく、自分が作るくらいの気概が必要。「誰のためになるか」を最優先に考えると、最適な答えが出せるはず。

【の】(no)

ネックレス ペンダント
例えば…
- 誰かからプレゼントされる
- 紛失してしまう
- 作ってほしいと依頼される

人気運上昇のサイン。特に、着飾って見栄を張るよりも、ナチュラルな姿が人を惹きつける予感。また、出会い運もアップしているので、新しい恋やコミュニティを求めると◎。人脈の幅がグッと広がるはず。

ネット ウェブ
例えば…
- ネットがつながりにくい
- 急に接続が切れてしまった
- ネット契約が切れる

ネットの不具合は、運の黄色信号と考えて。恋の発展が滞ったり仕事が一時中断しても、トラブルを回避できたと前向きに捉えよう。「他にやることがあるのでは？」という、天からの問いかけでもある。

寝る 睡眠
例えば…
- なかなか寝つけない
- 居眠りをしてしまう
- 誰かの寝言を聞く

弱気になっていくサイン。順調なのに恋人の気持ちを確かめたくなったり、意味もなく未来に絶望するかも。ネガティブな思考回路に陥ると、現実も引っ張られてしまう。プラスの要素から目を背けないで。

ノート
例えば…
- 破れる／濡れる
- 人と貸し借りする
- プレゼントされる

まっさらなノートは、これから上り調子になるサイン。多くの字で埋まったノートなら、あれこれ手を出し、収拾がつかなくなる暗示。どれか1つに絞ったほうがよさそう。「広く浅く」より「狭く深く」が吉。

喉
例えば…
- 風邪などで痛める
- チョーカーをつけた人を見る
- 喉飴をもらう

正常なコミュニケーションができなくなる暗示。会話が噛み合わなかったり、思うようなリアクションが得られないことがあるかも。手紙で思いを伝えたり第三者を介すなど、手段を変えるとスムーズに。

登る
例えば…
- 誰かが登る光景を目にする
- 人から引っ張り上げてもらう
- 登山が趣味の人と知り合う

ランクアップの予兆。友達から恋人に昇格したり、趣味が転じて副業になったりするかも。出世欲が高まるきっかけもありそう。同僚と情報交換したり、上司や取引先とのつき合いに積極的に顔を出すと◎。

飲む
例えば…
- 誤って何かを飲み込む
- 井戸や川など天然の水を飲む
- 同じものばかり飲んでいる

独り立ちの時が近づいているよう。チームやサブとして関わっていた仕事を任せられたり、実家を離れることになったり。責任も増えるが、それ以上にやりがいを得られる。また、単独行動に思わぬ幸運が。

【は】
(ha)

乗り継ぎ
例えば…
- 乗り継ぎがスムーズ
- 時刻表を確認していないのに、絶好のタイミングで着く

乗り継ぎがスムーズにいくのは、いい流れに乗れているサイン。進行中のことは、今のペースを維持して。下手にテコ入れをするとかえって逆効果。また、これから向かう場所に幸運が待っていることを教えている。

歯
例えば…
- 歯が生え変わる
- 歯が抜ける夢を見る
- 歯が折れる

気になった歯は、運気とリンクしている。折れたり抜けたりするのは、不穏なことが起こる前ぶれ。怪しい動きをしている人がいないか確認して。生えたりキレイな歯なら吉兆。満面の笑みを浮かべることになりそう。

バーゲンセール
例えば…
- 一緒に行こうと誘われる
- 宣伝を目にする
- ネット通販のタイムセール

恋の行方を暗示。掘り出し物があったなら、恋が叶う予感。意中の品が売り切れなら、好きな人や恋人を奪われる予兆。普段とは違う見た目や言動で、マンネリを解消すればどうにか引き留められそう。

パーティー・宴会
例えば…
- 招待される
- 主催者サイドで参加する
- パーティー会場を見かける

楽しげなムードなら、人間関係が和やかになる前ぶれ。あなたを取り囲む交友の輪が良好になり、それが広がっていく予感。「人が多いな」と感じるなら、逆に「自分は１人だ」ということを痛感する出来事が。

ハート
例えば…
- 雲がハートの形だった
- ハート型のアイテムを身につけた人を見つける

いろいろな形の「愛」を感じる前兆。恋人から改めて愛の言葉をもらったり、家族から感謝されたりしそう。また、苦手克服のサインでもある。恐いと思っていた人の、優しい一面を見つける予感。

バーベキュー
例えば…
- 誰かに誘われる
- 会社のイベントで実施される
- 野外で楽しめる焼肉屋に行く

主催あるいは焼く係が印象的なら、何かでリーダー的役割を担う暗示。何かと頼りにされることを、心地よく感じられる。誘われるか焼いてもらっているなら、甘やかされる予兆。年上の異性や過保護の上司に縁が。

パープル 紫
例えば…
- パープルのデザインが目に入る
- パープルの服や紫のアイテムをプレゼントされる

期待していなかったことが大化けする可能性を暗示。肝心なのは、理屈よりひらめきを優先することに。連想ゲームのような感覚を大切にして。答えが出なかったことにも、ぴたりとハマるピースが見つかるはず。

バイク オートバイ

例えば…
- すごいスピードで通り過ぎる
- フィギュアなどをプレゼントされる
- レースの映像を目にする

自由度がグッと高まるサイン。仕事や勉強が落ち着いて、プライベートに割く時間が増えそう。堅苦しい上下関係や恋人の束縛などから解放される予感。自ずと、「あなたらしさ」が見えてくるように。

配偶者 夫・妻

例えば…
- 本人のいないところで話題に
- 誰かの妻や夫が気になる
- 偶然友人夫妻と遭遇する

パートナー間や職場内にマンネリ感が漂う予兆。同じようなルーティーンで行動しているなら要注意。サプライズプレゼントや差し入れなどを試してみて。空気が一変して、居心地が格段によくなるはず。

パイロット

例えば…
- パイロットの知り合いができる
- 飛行機を操縦する夢を見る
- 友人にパイロットの彼氏ができる

新しいことにチャレンジできる予感。新規事業を任されたり副業に縁があったりするかも。今始めたことは、上昇気流に乗って成功まで一直線。保守的にならず、興味があることにはどんどん手を出してみて。

墓

例えば…
- 予定外のお墓参り
- 先祖以外のお墓を参る
- 古墳に関係する話題を聞く

昔なじみの友人や、思いを寄せていた人との再会があるかも。当時の気持ちがよみがえり、温かい気分になりそう。同窓会の誘いがあるなら、ぜひとも参加して。日常では気づけなかった自分の成長を認識できそう。

吐く 嘔吐

例えば…
- 料理を吐き出してしまった
- 誰かが嘔吐する場面を見る
- つばを吐く人を見かける

嫌悪感を覚える存在が現れる予感。その人の一挙手一投足に、イライラしてしまいそう。また、「言いたいことが言えない」「やりたくないことをやらされる」なんてことも。しばらく忍耐力が試されることに。

拍手

例えば…
- 人から拍手される
- 拍手のシーンを見る
- 音が聞こえてくる

何かを祝福される予兆。周りの人を安心させられる。大きなプロジェクトや結婚の準備でも、「間違っていないからそのまま進めなさい」というメッセージでもある。表彰されたり、人前で賞賛されることも。

爆弾

例えば…
- 爆発シーンを見る
- 資料館などで実物を見る
- 「爆弾発言」などのワード

「人生をリセットしたい」と思う出来事がありそう。容姿や経歴など、わかりやすいスペックで勝ち目のない強敵が現れても悲観しないこと。あなたにしかない武器が必ずある。それを手に取れば、十分に戦える。

白鳥

例えば…
- すぐそばに飛んでくる
- スワンボートに乗る人を見る
- 題材になっている創作物を知る

無理だと思っていた恋が叶う予感。ギリシャ神話の神ゼウスは、白鳥に姿を変えて人間の王女に近づき、双子を授かったと言われている。奇跡的な成就の象徴なので、とにかくアクションを起こすと◎。

博物館 美術館

例えば…
- 急に誘われる
- 学芸員の知り合いができる
- チケットを譲り受ける

ノスタルジックな気分に浸る時間がありそう。時には過去を振り返って、ヒントを見つけることもあるのが人生。思い出の場所や物とふれ合ってみて。ただし、過去に逃げるのはNG。少し覗く程度のラフな気持ちで。

ハゲる 薄毛

例えば…
- 前髪が気になり始める
- 坊主頭の人を見る
- 財布の革がはがれる

まもなく失恋するサイン。意中の人に別の恋人ができたり、恋人に「さよなら」を告げられやすい時。また、大切に思っている人を何らかの形で失う可能性も。ただし、余計なものを手放せるサインでもある。

はさみ

例えば…
- はさみを落とす
- はさみだけが見つからない
- 刃こぼれや破損をする

友人との別れを予感させる。転勤や結婚の都合でという場合もあるが、考え方の違いから疎遠になることも。「縁」まで切ってしまう可能性が。また、何かに対する気持ちが折れる事件を暗示している場合も。

橋

例えば…
- 「橋」とつく人名、地名と縁が
- 橋の上で立ち止まる
- 開通式の現場や話題にふれる

現状を打破するラッキーサイン。もしも今、あなたがスランプに陥っているのなら、脱出するチャンスが訪れる。これまでの逆風がウソのような流れに。たとえ不調ではなくとも、収入源や趣味の幅を広げられるはず。

はしゃぐ

例えば…
- はしゃぐ子供を見る
- はしゃいで注意される
- 珍しくハメを外す

対人関係でトラブルの暗示。礼儀を欠いたり配慮が足りなかったり、防げることが原因になりがち。最低限のマナーを守れば、問題は起きないはず。どんなに親しくても、一度「他人」であることを思い出して。

パジャマ ルームウェア

例えば…
- 寝間着で出歩いている人を見る
- パジャマ姿のキャラクター
- 新調する

心を許せる存在が現れそう。あまり人に話せなかった本音や悩みを打ち明けられる予感。また、図らずも好きな人のパジャマ姿を見たなら、あなたの思いが届く前ぶれ。深いところでつながる関係に。

走る ダッシュ

例えば…
- 走っている人を見かける
- マラソンなどを目にする
- 全力で走る

心身共に充実するサイン。いつもより集中力が続いたり、プラスワンで成果を出せそう。朝活やジムに通うなど、新しい習慣が身につくことも。ただし、何度もつまずくのは、思わぬ落とし穴がある暗示なので慎重に。

恥じる 赤面する

例えば…
- 恥をかいた過去がフラッシュバックする
- 人前で赤面してしまった

成果や能力を、派手に披露する場が用意されそう。「自慢話は嫌われる」なんて遠慮しないでOK。アピールするほど評価が上がったり、チャンスが広がるボーナスタイムと心得て。式や集会にツキがある。

バス

例えば…
- バスに乗り遅れる
- 目の前を横切る
- 車内で人と仲良くなる

「電車」の予兆と同義。ただしその行き先は、簡単に変更が可能であることを示している。もしも観光バスで、何をするにもタイミングが同じになる人がいたら、深い関係になれる人。思い切って連絡先の交換を。

パスタ 麺

例えば…
- 麺が途中で切れてしまう
- ゆでる時間を失敗する
- 献立がパスタばかりになる

家族と別居することになったり、望まない異動や転勤の予感。環境の変化が訪れるが、その流れに逆らってしまうかも。しかし案外、「別れの悲しみ」のマイナスより、「出会いの喜び」のプラスのほうが大きいかも。

パソコン

例えば…
- 故障してしまう
- 買い替え時が近づいている
- システムエラーが起きる

働き方に対する警鐘。このままでは公私共にバッドエンドを迎える。バッテリーの不具合は「休息」、容量オーバーなら「仕事量を減らすこと」、買い替えの場合は「転職」で事態を好転させられる。

肌 皮膚

例えば…
- 人に肌をほめられる
- ボディケアのグッズをもらう
- 肌が蒸れる

肌がキレイになるのは、人間関係がスムーズになる予兆。誰からも慕われるキーパーソンが登場しそう。肌が荒れるのは、人間不信になる前ぶれ。デリカシーのない人が近くに現れて疲れることになるかも。

バター

例えば…
- バター味のお菓子の差し入れ
- ふとバターの香りを感じる
- バターがたっぷり塗られている

結婚の好機が訪れる。長くつき合っている異性がいるなら、トントン拍子でことが運びそう。シングルの場合も、結婚を前提とした交際やスピード婚に縁がある予感。相手の家族とも円満になるサイン。

裸 ヌード

例えば…
- 人の裸体を見る
- ヌーディストビーチや混浴温泉に行く／誘われる

自意識が高まる。「人によく思われる」が"結果"ではなく"目的"になりがち。手の込んだメイクやファッションは控えたほうが吉。SNSへの過剰な依存にも注意。周りと同じ温度で過ごすと幸運を引き寄せやすい。

働く 労働

例えば…
- 休日出勤になる
- 予定外の残業になる
- 仕事中の夢を見る

自身のミスが原因のトラブルが起きるサイン。あなたがどうにかしなければならない状態に。大事なのはその後の誠意。とはいえ、無計画に対応すると火に油。「収束」から逆算して、1つひとつ解決していくと◎。

蜂

例えば…
- 蜂が目の前を横切る
- キャラクターを見かける
- 蜂の巣を発見する

「繁栄」がもたらされる暗示。特に仕事運にツキが。出世をしたり、大きなプロジェクトで成功の予感。それに比例して、昇給などの形でお金も舞い込んでくる。才能の幅が広がるため、副業や独立にも縁がありそう。

はちみつ

例えば…
・ハニーラテなどを頼む
・はちみつ製品をプレゼントされる
・飴色のグッズを見かける

　占星術において、はちみつは太陽と深い関係がある。太陽と同じく「成功」や「生命力」の象徴。偶然口にしたなら、自信がつく出来事がありそう。またエネルギッシュになり、ムードメーカー的な役割を担う予感。

×印

例えば…
・マークやシンボルとして目にする
・資料や解答用紙に×ばかりがついてしまう

　厄災から守られる予兆。何か不吉なことが起きても、大きなダメージは受けないので安心して。また、和解や交渉成立の暗示でもある。異なるものを「足し算」ではなく「掛け算」でパワーアップさせる。

鳩

例えば…
・目の前で鳩が飛び立つ
・鳩の鳴き声で目が覚める
・デート中に見かける

　言わずと知れた平和と愛のシンボル。意中の相手との関係が進展したり、険悪だった雰囲気が改善される予感。小細工より王道に吉がある。また、デート中に白い鳩を見かけたら、プロポーズ間近のサイン。

パトカー

例えば…
・サイレンの音を耳にする
・パトカーを見かける
・警察のドキュメント番組を見る

　動かされる側ではなく、動かす側になる暗示。つまりは出世や独立の予兆。プライベートのコミュニティでまとめ役に担がれる場合も。最初に好印象を与えるとポジションを守れる。高圧的にならないよう意識して。

花

例えば…
・実物やグッズをプレゼントされる
・道端の花を美しく思う
・食用花が使われた料理を味わう

　心身にボロが出始める予兆。体調を崩したり感情的になるかも。過去の栄光にすがり始めたら黄色信号。何でも1人で抱え込まないこと。医者やカウンセラーなど"プロ"に頼るという選択肢を忘れないで。

鼻

例えば…
・突然鼻炎や花粉症を発症する
・鼻が冷たくなる
・鼻が特徴的な人を見かける

　感情が高ぶっているサイン。侮辱されたり見下されたりして、声を荒らげたくなる場面がありそう。とはいえ、ここは相手よりも周囲に目を向けてグッとこらえて。今、大人な対応ができれば、一気に株を上げることに。

話す／しゃべる

例えば…
・知らない人から話しかけられる
・何かの司会を任される
・自分のトークで場が盛り上がる

　流暢に話すシーンなら、会社や趣味サークルなど所属のコミュニティでいい結果を出す暗示。特にチームプレイで成果を挙げる予感。話がつまったり弾まないなら、ポジション変更が成功の特効薬になりそう。

花火

例えば…
・花火の音が聞こえる
・職場や自宅の窓から見える
・花火大会に誘われる

　おめでたいことが起きる前兆。例えばデート中だったら2人のゴールインの、資格試験の勉強中なら合格の祝いだと思ってOK。1年以内に動きがあるはず。好きな人からの連絡や採用通知など、"吉報"に期待して。

羽

例えば…
- 目の前に羽が舞い落ちてくる
- 宿泊先に羽布団がある
- 羽ペンを使う機会がある

物運がアップする予感。欲しかった物を思いがけず手に入れたり、ミュージカルや旅行のチケットなど"経験"をプレゼントされることも。望みを常に口に出しておけば、実現しやすくなると覚えておいて。

母

例えば…
- 母親から連絡がある
- 母子手帳を見る機会がある
- 恋人や友人の母親と遭遇する

どんな時も擁護してくれる、心強い味方が現れる。公私共に深いつき合いになる予感。ただし、依存しすぎると成長を妨げる存在でもある。「信頼」と「甘え」の違いを心に留めて、適度な距離感を保とう。

腹 お腹

例えば…
- 腹痛に見舞われる
- お腹が出てくる
- 腹巻きをプレゼントされる

特定の人物や物事に執着するサイン。仕事や趣味に没頭すると、一気に成果を挙げられるので吉。ただし、毎日同じものを食べたり、決まった人にしか連絡しなくなるのはNG。視野も未来も狭めてしまう。

パラシュート

例えば…
- 飛んでいるところを見る
- パラシュートで飛ぶ夢を見る
- 趣味にしている人と知り合う

決着の時が訪れる。悩んでいたことに明確な答えが出たり、不仲が解消されるようなイメージ。ただし、踏みとどまっていたことが、ついに終わってしまう場合も。いずれにせよ、"新しい道"ができるということ。

春一番

例えば…
- 突風に襲われる
- 桜吹雪を目にする
- 「春一番」というワードを耳にする

逆風を跳ね除けるサイン。反対を押し切って大成功を収めたり、常識破りのアイデアで、あっと驚かせることがありそう。冬のような試練を耐え抜いたあなたに「自分らしく進みなさい」と呼びかけている。

パワースポット

例えば…
- パワースポット特集を目にする
- スピリチュアルな記事を見る
- 美しい神社の写真に惹かれる

日々の暮らしより、「生きる意味」など哲学的なテーマに心が移るサイン。歴史やスピリチュアルな内容の本、あるいは記事に惹かれそう。損得で判断しなくなるなど、精神的な変化が日常に好影響を与えるはず。

パン

例えば…
- 焼き立てが出てくる
- 近所にパン屋がオープンする
- 移動式のパン屋が近くにくる

あなたの周りに「恋のハッピーオーラ」が充満するシグナル。好きな人との恋が成就するなど、まずはあなたに幸運がやってくる。それに続いて、身近な友人や兄弟に結婚や子宝といった幸運が訪れる予感。

ハンカチ

例えば…
- 落とし物として拾う
- 破れたり、汚れがつく
- 人からプレゼントされる

ハンカチの状態が直近の運気を示す。キレイなら良縁を招く予感。莫大な利益をもたらすビジネスパートナーや、信頼できる友人ができそう。逆に、不潔なら悪縁を引き寄せる。金銭の貸し借りは控えること。

【ひ】
(hi)

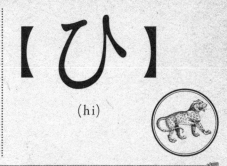

ハンドバッグ
例えば…
- どこかに置き忘れてしまう
- 欲しいバッグを見つける
- 雑誌の付録でついている

壊れたり古びているなら、自分の性別特有の病気の心配が。検査やケアは早めに受けること。貴重品が入っているなら、あなたや身近な人に子供との縁ができる前ぶれ。妊娠したり子猫を拾ったりするかも。

火
例えば…
- 火を使った神事を目にする
- たき火の薪が目の前で爆ぜる
- 火を消し忘れて冷や汗をかく

過去の傷を思い出すことがあるかも。しかし、傷が残っていたとしても、治っているのもまた事実。その痛みは錯覚だと気づいて。また、エネルギーに満ちる暗示でもある。行動以上の成果が出せる予感。

ピアス イヤリング
例えば…
- 福袋に入っていた
- 誰かにほめられる
- プレゼントされる

「人の声に耳を傾けなさい」という天からの忠告。自分のアイデアばかりを優先して、周囲の意見をないがしろにしているのでは？また、聞き間違いや早とちりが原因の"凡ミス"が多発。今一度、確認を。

ピーナッツ 落花生
例えば…
- ピーナッツクリームが出てくる
- 落花生をもらう
- 特売品を見つける

財産がどんどん増えていくサイン。収入が増える場合もあれば、持っている物や不動産の価値が上がる可能性も。ネット通販など副業にツキがあるので、迷っているならチャレンジしてみる価値あり。

ビール
例えば…
- グラスから泡がこぼれてしまう
- 隠し味として使われていた
- 珍しい人物に注いでもらえる

私欲よりも、社会のために働くことに魅力を感じる予感。ボランティアなどのエピソードを聞いて、価値観に変化が生まれることが。また、心と身体のバランスが取れる暗示でもある。しばらく安定して過ごせそう。

東
例えば…
- 東から風が吹き込んでくる
- 東に用事が集中している
- 「東」がつく地名の場所に行く

新しい風が吹き始める兆候。知らなかった物にワクワクできる。何事も食わず嫌いをせず、積極的に取り入れて。また、若い人に縁が。後輩や子供たちの意見に耳を傾けると、有益な情報を得られるはず。

光
例えば…
- カメラのフラッシュを浴びる
- 雲間から差す光を見る
- 街灯が灯る瞬間を目撃する

一気にランクアップする予兆。「これまでの延長にある成長」というよりも「突然、夢のような舞台に上がる」イメージ。作り話のような出会いやスカウトがあるかも。直感に従うと、奇跡につながりやすい。

引き返す

例えば…
- 目の前で誰かがUターンする
- 予定を中断して白紙に戻す
- 反対の電車に乗ってしまう

時間や場所、方法など「選んだものが外れだった」ということがありそう。恋人や友人など、自分で決めた人間関係に後悔することも。また、物の紛失や忘れ物にも注意したい時。いつもより慎重に。

ピクニック

例えば…
- ピクニックの一行を見かける
- 福引でレジャーシートが当たる
- 一緒に行こうと誘われる

マンネリ化した日常からの脱却を意味している。破天荒な人物が現れたり、ちょっと笑えるようなハプニングが起きる予感。ルーティーンが強制的に変更されて振り回されるが、心地よく感じるはず。

ひげ

例えば…
- あごひげが特徴的な人を見る
- 白いひげのおじさんを見る
- ひげが印象的なキャラクター

あごひげは、意欲的にことを進められる吉兆。やる気が起きず放置していたなら、今着手するのが正解。白いひげは、知識を豊富に吸収することを暗示している。資格などの"勉強"をスタートさせると吉。

飛行機

例えば…
- 空港の近くを訪れる
- 近距離で飛行機を目撃する
- モチーフやグッズを目にする

つい"冒険"してみたくなるサイン。まったく未知の仕事や趣味に挑戦してみたり、行ったことのない場所に出かけたくなりそう。ただし、勢いだけに頼ると痛い目に遭う。その心意気に「下準備」をプラスして。

飛行機雲

例えば…
- 青空がバックの飛行機雲を見る
- 1日に何度も見かける
- 誰かが先に気づく

心境に変化がある予兆。否定的な思考で占領されていた頭がポジティブになり、「動きたい」という気持ちが高まることに。その思いのままにフットワーク軽く動けば、希望しているものが手に入る予感。

膝

例えば…
- アザやケガができる
- 痛めている人を見かける
- かいている人を目にする

膝に痛みを抱える人が気になったら、「休む必要がある」という天からのメッセージ。一方、膝をかいている人が気になるのは、周囲への心配りが過剰だという忠告。"ありがた迷惑"になっているのかも。

ピストル 銃

例えば…
- 実際に発砲音を耳にする
- 発砲するジェスチャーを目にする
- バラエティグッズが用意される

「勝利」のサイン。勝負事や決断にいい結果がもたらされる。例えば告白が成功したり交渉がうまくいったり。ただし、小細工や駆け引きはあまり意味がなさそう。正道で戦えば、大金星を得ることも。

左

例えば…
- 左側から声をかけられる
- 左利きの人と知り合う
- 誤って左折レーンに入ってしまう

あまり深く考えなくても、正解を選べる予感。シミュレーションしたりネガティブな妄想をしたりして躊躇するのはもったいないと心得て。勘やひらめきで決めれば、後は幸運のほうから寄ってくる気配。

引っ越し

例えば…
- 近所に誰か引っ越してくる
- 引っ越しの手伝いをする
- 引っ越しのトラックを見かける

手づまりになることを暗示。このまま進んでも行き止まりかも。別の選択肢をチョイスすれば、事態は好転する。仕事のアプローチを変えたり、転職という手もあり。"変化"が幸運のカギを握っている。

羊

例えば…
- ラム肉をご馳走される
- 本物の羊にふれる
- 羊毛のアイテムを手に入れる

あらゆることが滞りなく進む予兆。特に金銭面で得をする場面が。臨時収入や高価な物を譲り受ける予感。自然と心にも余裕が生まれ、周囲に優しくなる。そんな、ポジティブなスパイラルに乗れるはず。

ヒノキ

例えば…
- 「檜」とつく人や場所と縁がある
- もらった物がヒノキ製だった
- ヒノキ風呂に入る

作業効率が落ちたり、気分が乗らなかったりしても、焦る必要はない。なぜなら、逆境を乗り越えるサインでもあるから。集中力が切れても気力で乗り切ったり、ピンチにうろたえても逃げずに立ち向かえそう。

秘密・内緒

例えば…
- 誰かに秘密を告白される
- 自分の秘密がバレてしまう
- 人の秘密を知る

信頼できる上司や親友といった、唯一無二の存在ができる暗示。生涯のつき合いになる可能性も。ただし、秘密がバレたり口外するシーンは別。過剰に疑心暗鬼になるほど、ショックな裏切りがあるかも。

雹(ひょう)

例えば…
- 雹が降ってくる
- 雹が降ったニュースを見る
- 創作物の中で出てくる

何かに対して、ひどく冷めてしまう予感。対価に見合わない仕事や将来の見えない恋愛に嫌気が差すかも。声を荒らげる気力もなく、静かにフェードアウト……なんてことも。「原点回帰」が特効薬になりそう。

病院

例えば…
- 消毒液の臭いを感じる
- ふと病院が目に入る
- 乗車中に病院の前で止まる

「健康状態をチェックする必要がある」というメッセージ。健康診断やメンタルヘルスケアに行ってみると◎。早期発見できたり、問題がなくても耳寄りな情報を得られる予感。健康食品に縁があることも。

ピン・画鋲

例えば…
- 刺すなどしてケガをする
- 画鋲を踏んでしまう
- 強く押し込み、外れなくなる

見えないパワーに抑えつけられる予兆。身動きが取れなくなりそう。いいアイデアも上層部の意向でひっくり返されたり、外野から恋の邪魔をされたり。今は耐えて、運気の流れが変わるのを待つべき。

ピンク

例えば…
- ピンク色の空や海を見る
- やたらとピンクの物が集まる
- テーマカラーがピンクになる

女性的な魅力がアップして、新しい恋を引き寄せそう。メイクやファッションをピンクメインにすると、恋人や好きな人をドキドキさせやすくなる。いつもとは違う系統の服装でアピールするとさらに効果的。

【ふ】
(fu)

ファストフード ジャンクフード
例えば…
- 急に食べたくなる
- 毎日食べてしまう
- 臭いがしてくる

期限が早まったり相手が不機嫌になったり、「焦り」が生まれる暗示。急いだり取り繕ったりしていると、相手のペースに飲まれる。いったん深呼吸をして、客観的な判断を。自分のペースを取り戻せるはず。

不安
例えば…
- 心に引っかかることがある
- ネガティブワードが目につく
- 老後が心配になる

想定外のトラブルが起きる可能性が。それでも、「なるようになる」と開き直れる予感。慌てたり嘆いたりせず対応できるので、周囲から頼りにされそう。問題解決のキーマンとなることを自覚して。

風船
例えば…
- 目の前で割れる
- 突然手渡される
- バルーンアートを見かける

願いが叶うことを祝福している。恋や目標が成就したり、欲しい物が手に入ったりするサイン。プロポーズの可能性も。たとえくじけることがあっても、幸運はすぐ目の前。今は絶対に諦めないことが肝心。

笛 ホイッスル
例えば…
- どこからか音が聞こえる
- 笛で呼び止められる
- 試合開始／終了の瞬間を見る

周囲に色っぽく見られるサイン。モテ運がアップしたり同性から憧れられたりしそう。出会いの場には積極的に顔を出すと吉。ただし、理性より本能が勝る傾向が。既婚者からの誘惑や、一夜限りの関係に警戒して。

フクロウ
例えば…
- 動物園やカフェで本物を見る
- ポスターなどで「不苦労」のような語呂合わせを目にする

インスピレーションが冴える時。あれこれ思い悩まず、直感で決めたほうがいい流れに乗れそう。また、知的なことにスポットライトが当たる。これを機に将棋やチェスといった、頭脳ゲームに挑戦するとハマるかも。

ブザー
例えば…
- 防犯ブザーの音を耳にする
- レストランや居酒屋で何度も呼び鈴をスルーされる

何かが中止になるサイン。ライブやイベントが流れるかも。仕事の予定もなくなりそうなので、予備のスケジュールを考えておくと吉。強引に進めていることがあるなら、「引き返すべき」というメッセージの場合も。

富士山
例えば…
- めったに拝めない場所から望む
- 夢に富士山が出てくる
- グッズをプレゼントされる

目標に向けて、順調に進んでいくので安心して。山は何かを成し遂げる予兆。その中でも富士山は、トップに立つことを示唆している。人を鼓舞したり予定を管理したり、リーダー的な才能が開花する予感。

豚
例えば…
- 「豚」という言葉をよく聞く
- キャラクターやモチーフとして見る
- 飼育している人と出会う

新しい出会いがある予兆。勝手に恋へと発展するような空気が漂う。アクションを起こすだけで、その流れに乗れる。すぐに、送信ボタンを押して。また、勝負事にもツキがありそう。一か八かの賭けが功を奏する。

双子
例えば…
- 双子の人／動物を見る
- 2つつながった野菜や果物を発見
- 瓜二つの人を見かける

重大なミスが発覚する予感。大きな契約や買い物をしたなら、見直すべきポイントがありそう。クーリングオフ制度など、使えるものは使って。これからという人は、「助かった」と思ってすぐに再確認を。

双子座
例えば…
- 双子座の友人からの連絡
- 5月末〜6月末の予定が多い
- 双子座の人とばかり知り合う

コミュニケーションがスムーズになるサイン。ネットやSNSで得た情報が、世代に関わらず好印象を与えたり場を盛り上げることに。また、珍しい体験やアイテムを発見する暗示。楽しく経験値を積める予感。

仏像
例えば…
- 仏像の展示場を通りかかる
- お気に入りの仏像ができる
- 訪ねた家に印象的な仏像がある

あらゆることを押しつけられるサイン。それは、あなたの力量や優しさに周りが頼りすぎているということ。配分を考えないと、チームとして立ち行かなくなる。相手を思うなら、時には厳しい言葉をかけてあげて。

太もも
例えば…
- 太ももを露出した服装の人と遊ぶ
- 太ももがつってしまう
- もも周りを測定される

旅行や出張で遠くに出かける機会がありそう。筋肉質で太すぎない太ももなら、大きな収穫がある予感。思わぬ出会いもありそう。平均より太いなら、旅先でトラブルの可能性も。安い挑発に乗らないこと。

太る
例えば…
- 太った人が目につく
- 服がきつくなったと感じる
- 電車の両隣に太った人が座る

懐事情が温かくなるサイン。収入の幅が広がったり将来の見通しが立ちそう。ただし、自分の体型に羞恥心を覚える場合は別。おだてられて不要な物を買わされたり、見栄による出費が増える暗示。財布のひもを締めて。

船
例えば…
- 豪華客船を見かける
- 港で下船する人たちを見る
- 沈没シーンが目に入る

豪華客船のように大きな船は、心に平穏が訪れる前ぶれ。不安が解消されて、多忙から抜け出せそう。下船のシーンが印象的なら、束縛からの解放を暗示。沈没なら、夢や目標がネガティブな結末を迎えるかも。

踏み切り
例えば…
- 目の前で遮断器が下りる
- 「カンカン」という警告音を聞く
- 絵や写真、映像で目にする

暴走を止めてくれる人が現れる。計画がいったん白紙になる暗示でもあるが、落胆の必要はない。このまま進めば皆が損をする。再度見直し、グレードアップさせた計画は、奇跡のような成功を呼ぶことに。

踏む

例えば…
- 不覚にも何かを踏んでしまう
- 韻を踏む
- 何かの上に立つ

踏んだものの運気が下がったり不具合が生じる暗示。例えば誰かの写真を踏んだなら、その人の発言力や体力が弱まるイメージ。うっかりお金を踏んでしまうと、金運がガクンと落ちるので気をつけたいところ。

ブラウン 茶色

例えば…
- ブラウンを基調とした空間にいる
- 普通は茶色ではないものが、ブラウンベースでデザインされている

束の間の休息が訪れる。スパやホットヨガなど、話題のリラクゼーション施設に誘われる可能性大。心が落ち着けば、未来の構想を練れるように。「何となく」ではなく、目的を持って過ごせるようになるはず。

ブルーモーメント

例えば…
- 実際にその光景を見る
- 絵や写真、映像で見る
- 関係のある話題を耳にする

ブルーモーメントとは、日没後のごくわずかな時間に見られる自然現象。深い青色に染まる景色は、心の浄化を意味している。疑心が誤解だったと知ることになりそう。穏やかな環境が整っていく予感。

プレゼント

例えば…
- 人から何かをもらう
- 誰かにプレゼントを贈る
- プレゼント選びを任される

もらう側の場合、周囲をあっと言わせるアイデアや成果を出せる暗示。尊敬の眼差しを集めることになりそう。渡す側なら、何かへの依存度が高まる警告。距離感を見誤ると、厄介事に巻き込まれるかも。

ふれる さわる

例えば…
- ボディタッチされる
- 誰かの肩を叩く
- 珍しい物をさわる

何かをさわるのが気になったなら、身近な人を鼓舞する前ぶれ。後輩が落ち込んだり友人が失恋して、激励することに。逆にさわられるのは、あなたにショックなことがあるが、誰かの支えで前を向けるようになる暗示。

風呂 温泉

例えば…
- 何となくキレイに掃除する
- 温泉旅行に誘われる
- 大衆浴場へ行く

新しい自分に変わるチャンス。ヘアスタイルや服装など、見た目をガラッとチェンジしたり、未知の体験に挑戦してみたり。"変化"が周囲を惹きつける。気づけばワンランク上のステージに立っている予感。

【へ】

(he)

ペア

例えば…
- 誰かとペアを組む
- カップとソーサーなど、2つで1つのアイテムをもらう

運命の人が近づいてきているサイン。それは、生涯愛し合う異性かもしれないし、共に成功を掴むビジネスパートナーかもしれない。いずれにせよ、あなたからのコンタクトが、2人をつなぐカギになりそう。

ヘアピン

例えば…
- 落とし物のヘアピンを見つける
- 人のヘアピンに惹かれる
- ヘアピンが外れて落ちる

異性関係に変化が訪れる予感。ヘアピンが気になるのは、新しい恋の前ぶれ。髪から落ちるのは、誰かに思われている暗示。ただし、床に落ちたままにしていると、失恋の運気を招くので、すぐに拾うこと。

兵隊 軍隊

例えば…
- パレードを見かける
- 迷彩柄の服を着た人を見る
- キャラクターやモチーフとして見る

とんでもないハプニングに巻き込まれそう。ただ、これがいい事象なのか、悪い事象なのかはすぐに判断できない。とはいえ、アドレナリンが出るので、普段より底力がアップ。いつもの倍近く動ける。

へそ

例えば…
- へその緒を見る
- へそ出しファッションの人と出会う
- 伸びをした人のへそが見える

自身を見つめ直す機会がある予感。「本当にやりたいこと」にフォーカスすれば、自ずと問題点が見えてくる。転職や独立、結婚といったターニングポイントに向けて、"準備期間"に入った合図だと心得て。

ベッド 布団

例えば…
- 破損する
- 寝具を交換する
- 干してあるのを見かける

家族と円満になるサイン。もしもコミュニケーション不足なら、食事や旅行に誘われるかも。日頃言えていなかった素直な気持ちを伝えられる雰囲気。家族に限らず"居場所"を再確認できることがありそう。

蛇

例えば…
- 野生の蛇と出くわす
- 蛇革のアイテムを手に入れる
- モチーフとして目にする

突然の恋や臨時収入といった、急な幸運が舞い込んでくる暗示。既存の関係外から、恋人候補が現れたり、お金につながる仕事や趣味を紹介してもらえそう。白蛇を見たら大儲けのサインなので、すぐに腰を上げて。

部屋

例えば…
- 誰かを招くことになる
- 自室に関する話題を振られる
- 模様替えをしたくなる

散らかっているなら、あなたの心も乱れる出来事がある暗示。好きな人に別の恋人ができたり、出世争いで出遅れるかも。自室をキレイにすれば不運を祓える。清潔な部屋なら、万事うまくいくというメッセージ。

ベル

例えば…
- 近所のベルの音が聞こえる
- 想定外の訪問客がベルを鳴らす
- 鈴を身につけた人と出会う

魔術において、ベルは神や精霊に儀式の始まりと終わりを知らせるもの。人生の節目となるような、価値観が変わる体験をしそう。また、絶景ポイントやパワースポットに行くと、心が洗われるようなことがありそう。

ペン ボールペン

例えば…
- インクがなくなる
- 人から貸してと頼まれる
- 紛失してしまう

あなたの意見が周囲に認められるサイン。笑われることを恐れず、積極的に手を挙げて。SNSや動画サイトで自分をアピールをしたり、作品を発表したりすると◎。思いがけないチャンスを掴める予感。

変身

例えば…
- ごっこ遊びで変身する子供を見る
- 見た目が変わったと言われる
- 馴染みの店がリニューアルする

周りのメンバーに変化がありそう。身近な人が異動や引っ越しで遠くに行ってしまうかも。もしくは、あなたがまだ見ぬ才能を開花させ、別のステージへ移るパターンも。フレッシュな環境で力を発揮できるはず。

弁当

例えば…
- 差し入れされる
- 同僚に自慢される
- サプライズで用意される

恋の始まりを予感させる。おかずの種類が多いほど、同僚、旧友、新規……と恋人候補の数が増えていくイメージ。すでに恋人がいる場合は、さらにその先の関係が期待できる。いつになく華やかな時間が幕を開ける。

便秘

例えば…
- 便秘がちに
- 便秘に関する話題を聞く
- お腹が張る

言いたいことを我慢せざるを得ないかも。意を決して話し合いの場をセッティングしても、急な残業や休日出勤になってしまう予感。そんな時は、メールで簡潔に伝えてもOK。少しでも吐き出すことが肝心。

(ho)

ほうき

例えば…
- 立てかけてあったものが倒れる
- 壊れて新品に買い替える
- 使っている人を見かける

不安要素やネガティブな感情が一掃される兆し。"解決"というより"なかったことになる"予感。例えば、「謝らなければならないと思っていたら、相手は怒っていなかった」なんてことがありそう。

帽子

例えば…
- 風で帽子が飛ばされる
- 似合う帽子を見繕ってもらう
- 専門店を発見する

注目度がアップする兆し。帽子は、王冠と同じく地位や力の象徴。周囲からの視線が集まっていることを教えている。意識的に被れば、人気運の向上が期待できる。ただし、紛失すると悪い噂を立てられるかも。

宝石

例えば…
- 本物の宝石をプレゼントされる
- ジュエリーショップに連れていかれる/通販で見かける

プレゼントされるのは、甘い言葉に惑わされる予兆なので警戒して。自分で身につけるなら、ダイヤモンドは「永遠の愛」、ルビーは「情熱」、エメラルドは「癒やし」、真珠は「幸せな家庭」が手に入るサイン。

暴走

例えば…
- いつもより食べすぎる
- オーバーランしてしまう
- 言葉で人を傷つける

人生の迷路に迷い込んでしまう暗示。仕事もプライベートでも、一時目的を見失うことに。今は闇雲に突き進むのではなく、一度立ち止まってみて。違った場所から景色を眺めると、新しい地図を描けるはず。

ボードゲーム	例えば… ・遊びに誘われる ・イベントや大会に参加する ・観戦する

ゲームの戦術に、人生を豊かにするヒントが隠されているかも。ただし、勝敗は気にしなくてOK。対戦相手が慎重派なら現実では大胆に、アグレッシブなら守りを固めると事態が好転する。恋や仕事に当てはめてみて。

ほくろ	例えば… ・新しいほくろができる ・ほくろをほめられる ・他人のほくろが気になる

思いがけないピンチが迫っている、というメッセージ。あらぬ誤解を招いたり、理不尽な要求を受けるかも。切り抜ける術は「あなたらしさ」。明るいならとにかく笑顔で対応、左脳派なら論理的に説明すると効果的。

星	例えば… ・何でもない星空に見惚れる ・星モチーフのアイテムが気になる ・無意識に星マークを描く

無事にゴールテープを切って、歓声に包まれそう。そしてすぐに、新たな目標ができる予感。明日から"新入生"のようなフレッシュな気持ちで臨める。休む必要はなさそう。いいスタートダッシュを切れるはず。

ボタン	例えば… ・ボタンが外れてしまう ・ボタンが散らばっているのを見る ・珍しい形のボタンをもらう

私生活が仕事や家事に好影響を与えそう。全体的に運気が上昇するサイン。特に、恋愛運にツキが。良縁を引き寄せたり、意中の人と急接近するチャンス。とにかく相手をほめれば、チャンスが続くはず。

ホテル旅館	例えば… ・宿泊する ・看板や宣伝を目にする ・人が出てくるところを見る

人間関係がシャッフルされて、ショックを受けるかも。しかし、それはステップアップのために必要な通過儀礼。いろいろなタイプの人と接するのは、世界を1周するくらいに見聞が広がると思えば納得できる。

骨	例えば… ・人体模型が崩れる ・魚の骨が喉に詰まる ・骨折している人と会う

中途半端な行動をするサイン。元カレを忘れると決意したのに思い出の写真を見返すような、"心のブレ"が目立ちそう。「写真を消去」といった強制的な措置が、かえって未来の自分を楽にすると心得て。

ポプラ	例えば… ・ポプラ並木に差しかかる ・絵や写真、映像で目にする ・本や歌詞の中に見つける

近々、大きな勝負が待っている予感。ギリシャ神話において、ポプラの葉で作った冠は、勝者であるヘラクレスを称えたもの。つまり、「勝利」の可能性大。しばらくは「アグレッシブ」を行動指針にして。

ボルドー	例えば… ・ボルドー色を身につけた人と出会う ・ボルドー色のメイク道具を試す ・赤ワインをおごってもらう

人生のパートナーに巡り会う予兆。一生を添いとげたいと思える、運命的な出会いがありそう。ボルドー色の下着を身につけると、魅力度がグッと増す予感。また、出会いは恋愛関係に限らないと覚えておいて。

本

例えば…
・おすすめの本を紹介される
・ブックカフェなどを見つける
・昔読んだ本を読み返す

知的好奇心の高まりを知らせている。セミナーに参加したり、資格取得のための勉強を始める予感。思いのままに没頭してOK。お金や時間のことを考えるが、すべてを回収できるので心配はいらない。

本棚

例えば…
・本が落下する
・出先の本棚が気になる
・新しく本を入れるスペースがない

多くの情報が入ってきて、惑わされそう。その中身は、真実からウソまで多種多様。本当に必要で、信頼できる情報はどれなのか。じっくり吟味する必要が。見切り発車で動くと、信頼を失いかねないので慎重に。

【ま】(ma)

前

例えば…
・前の座席の人が気になる
・前を行く人が振り返る
・行列で前に並んでいる人

前にいる人の状況が、あなたの未来を暗示している。例えば、カップルなら恋人ができるサイン、子連れなら子宝に恵まれるかも。また、イライラしている人なら、フラストレーションがたまる出来事がある予感。

巻く

例えば…
・ベルトやスカーフが気になる
・巻き寿司や春巻きがおいしい
・コードやひもが絡まる

実力以上のパワーを発揮できるサイン。まるでドーピングしたかのように、あらゆる分野の成績が上がりそう。ワンランク上の試験を受けたりコンクールに出る機会があるかも。今は上限を無視して、挑戦するほうが吉。

松

例えば…
・松の木を見つける
・松ぼっくりを発見する
・松の入浴剤が気になる

打たれ弱くなる暗示。怖気づいたり途中で投げ出したりする予感。根本的な原因は、体力の低下。落ち込む時間があるなら、身体をケアする時間に当てて。ちょっと高めのマッサージ店を予約してみると◎。

待つ 待機

例えば…
・待ち合わせで遅刻される
・バスや電車で待たされる
・行列に並ぶ

待ち時間に注目を。すぐに終わるなら、それは「休みをもらえる」とか、ちょっとした願い事が叶う前兆。長時間待たされるなら、性格の合わない人と同じチームになる暗示。憂鬱な1週間になるかも。

まつ毛

例えば…
・まつ毛のケアグッズをもらう
・専門の美容院を見つける
・目に入る

またとない好機が訪れる予感。ハプニング的に好きな人と2人きりになったり、趣味で作った作品がプロの目に留まったりするイメージ。モノにするには、積極的にアピールすること。最後のひと押しになるはず。

祭り祭典

例えば…
- 祭り囃子が聞こえてくる
- お祭り衣装の人と出会う
- 祭りと銘打ったイベント

意外にも、孤独感に襲われる暗示。上辺ではうまくいっていても、本心ではなかなか安心できない状況に陥るかも。抜け出すポイントは、「比較」をやめること。あなたの中の幸せラインを再確認して。

窓

例えば…
- 人が窓を開けるところを目撃する
- 窓に木の葉などがぶつかる
- 窓が割れる

好奇心が旺盛になるサイン。知識欲が高まり、読書やSNSでの情報収集がマイブームになりそう。英会話など知的な習い事を始めると、才能が開花する。何か1つ、大きな"武器"を手に入れるチャンス。

マフラー ストール

例えば…
- 人に巻き直してもらう
- プレゼントされる
- なくしてしまう

プレゼントや巻いてもらうシーンなら、人生の"主要登場人物"に名前が1つ加わる暗示。包み込んでくれるような、懐の深さが特徴の人。逆に紛失シーンなら、甘えたいのに相手がいない状況を示唆している。

豆

例えば…
- 献立に必ず豆がある
- 節分などで豆をぶつけられる
- 豆菓子の差し入れ

殻を破って、次のステージへ進める暗示。それは昇進や独立といったわかりやすいことかもしれないし、目に見えない精神的な成長かもしれない。いずれにせよ、周囲の見る目も変わってくることを忘れないで。

眉毛

例えば…
- 手入れに失敗する
- 自分の眉の形が気になる
- 特徴的な眉の人に出会う

太い眉毛なら、他者に認められる予兆。細い眉毛はパーソナルな部分の充実を意味する。もし手入れに失敗したなら、親や友人との関係性に不安を覚えることが。思い込みで発言すると迷宮入りするかも。

迷う

例えば…
- メニュー選びに時間がかかる
- 目的地にたどり着けない
- 人に道を尋ねられる

あなたの人生に、重大な分岐点が訪れる予感。「どちらについていくのか」「続けるか、新しく始めるか」など、決して簡単には決断できないはず。専門家や第三者など、頼れる人はすべて頼って決めるべき。

マリンブルー

例えば…
- 色の名前を目にする
- ファッションに取り入れる
- ブルーハワイのかき氷

夢と現実の間にいるような、不思議な癒やしを得られそう。神秘的なショーや絵画展に誘われる予感。直感力が高まり、自然と正しい選択ができるように。あれこれ考えすぎても、考えは散らかるだけだと心得て。

【み】
(mi)

第2章／予兆キーワード事典〜メッセージを読み解くヒント〜

見送る

例えば…
- 送別会に招待される
- 誰かを駅や空港に送る
- 引っ越しを手伝う

見送るのに時間がかかるほど、送られる側に災難が降りかかる暗示。新天地で幸先の悪いスタートになってしまう恐れが。ダラダラ引き伸ばさず爽やかに別れるほうが、気持ちも運気も前向きになる予感。

右

例えば…
- 右側から声をかけられる
- 身体の右側にふれられる
- 前の人が急に右折する

人に働きかけたり、何かを受け渡したりする機会がありそう。自分の感情より、周囲の空気に敏感になる予感。また、論理的な思考で一目置かれそう。問題解決のための分析や検証を任せられるかも。

見知らぬ異性

例えば…
- 落とした物を拾ってもらう
- ぶつかってしまう
- SNSでコンタクトを取る

あなたにぴったりの異性のタイプを暗示。また、そんな人が現れるサイン。第一印象でキュンとしなくても、相性は抜群の様子。無意識に潰している恋のチャンスに、天が気づかせようとしている。

見知らぬ同性

例えば…
- 間違って声をかけられる
- 酒場で知り合いになる
- セミナーで隣の席になる

好印象なら、内面的な成長を実感できることがあるサイン。大事なシーンで緊張しなかったり、不測の事態にも冷静に対処できそう。悪印象なら、劣等感が深まる暗示。焦ってパニックを起こす場面が訪れるかも。

水瓶座

例えば…
- 水瓶座の友人からの連絡
- 1月末〜2月末の予定が多い
- 水瓶座の人とばかり知り合う

ルールや常識から解放されそう。過去の例や周りの空気を気にする必要はない様子。ユニークで自由な発想を大切に。「こんな提案、周りに認めてもらえないのでは」というものほど、評価や成果につながる。

水をこぼす

例えば…
- 風呂の水をあふれさせてしまう
- 鍋が吹きこぼれる
- 蛇口の水を止め忘れる

あなたの中にたまった涙が、今にもあふれ出しそう。吐き出せなかった不安や悔しさを受け止めてもらえる予感。遠慮せず、人前であろうと声を出して泣いてOK。周囲も運気も「あなたのために」と変化していく。

店 ショップ

例えば…
- 変わったチラシを目にする
- 看板やメニューが目に留まる
- 近所に新しい店ができる

印象に残った商品から連想できることが、現実に起こる暗示。ラブソングのCDなら恋のサイン、健康食品ならダイエットを決意するきっかけがありそう。それは、あなたが今一番欲しているものなのかも。

道 道路

例えば…
- いつも使う道が整備される
- 近道を発見する
- 初めて通った道を思い出す

まっすぐな道なら、自力で突破できる暗示。単独で取引先に乗り込んだり1人で街コンに参加したり、アグレッシブに。分かれ道なら、ターニングポイントの訪れを暗示。将来を左右する選択を迫られるかも。

| 未知の場所 | 例えば…
・迷い込んでたどり着く
・人から案内される
・旅先で穴場を見つける | 緑
グリーン | 例えば…
・髪の色が緑の人を見る
・植物の多い場所に縁がある
・グリーンカレーが出てくる |

感動したりポジティブな印象を受けたなら、スポットライトを浴びる予感。意外な才能が開花しそう。不安などマイナスの感情なら、石橋を叩きすぎて渡れなくなるかも。時には大胆さも必要だと気づくことに。

心身共に健康をもたらすカラー。特に、ストレスが発散されることを暗示している。プレッシャーから解放されたり、プレミアムな予定が入ったりする予感。登山やマリンスポーツなど、自然とふれ合うと吉。

| 南 | 例えば…
・南国出身の人と知り合う
・出張などで南へ向かう
・暖かい国の文化が気になる | 耳 | 例えば…
・耳の大きな人を見かける
・動物の耳が動くところを目撃する
・目の前の人が耳をかく |

成功のエネルギーがみなぎる吉兆。立場や関係がステップアップしたり、ここ一番で勝利を収める予感。自ずと、脚光を浴びることになりそう。いつ人前に出てもおかしくないので、身だしなみには気を遣って。

雑談や世間話の中に、重大なヒントが隠れているかも。意中の異性や取引先の情報をゲットできる予感。また、自分本位な行動で信頼を失う予兆でもあるので注意。「相手と目線を合わせる」ことを意識すると◎。

| 耳鳴り | 例えば…
・耳鳴りが気になる
・関係のある話題を聞く
・一緒にいる人が耳鳴りを気にする | ミュージシャン
歌手 | 例えば…
・ミュージシャンと知り合う
・楽器を持った人とすれ違う
・路上で演奏する人を見る |

あなたに関する噂話が広がる暗示。一喜一憂しても得はないので、冷静に対処して。真意を確かめたいなら、ふと目に入ったアルファベットを覚えておいて。それが、発信している人物のイニシャルである可能性が。

孤独や寂しさの波が押し寄せる予感。諦めたり強がったりしていても、本当はもっと注目されたいのでは？ 何か思い切ったことを始めてみると、状況は一変する。旅行や習い事を検討してみて。

【む】
(mu)

| | | 無意味 | 例えば…
・無駄なやり取りが続く
・無意味だと思うことをやってしまう
・何の役にも立たない物をもらう |

怒りが沸点に達する前兆。理不尽なことをされたり、挑発されることがあるかも。しかし、感情に身を任せては、相手の思うツボ。その場は笑顔で乗り過ごすほうが、自分にも利がある。グッとこらえて、別の場所で発散を。

虫	例えば… ・虫がぶつかってくる ・死骸を発見する ・大量発生する

このまま続けても無駄だと気づいてしまう予感。「どれだけ愛しても結婚にはたどり着けない」とか、「この仕事を続けても利益が出ない」といったイメージ。長期的な計画が必要だというメッセージと捉えて。

結ぶ 締める	例えば… ・指切りげんまんをする ・ラッピングにリボンを結ぶ ・誰かに髪を結んでもらう

願い事が叶うラッキーシグナル。応募していたライブチケットに当選したり、資格や昇進の試験に合格するような幸運がありそう。出願やおねだりといったアクションを今起こすと、いい結果を招きやすい。

(me)

目	例えば… ・知らない人と目が合う ・目が印象的な人と出会う ・誰かと見つめ合う機会がある

輝きのある目なら、いつもの倍以上のことを半分の時間でできるくらい絶好調になりそう。逆に生気のない目なら、疲れがたまりやすく、集中力を欠く暗示。大きく見開いた目なら、恋や結婚が近い予感。

冥王星	例えば… ・関係のある話題を聞く ・惑星記号(♇)を目にする ・プルートの名を聞く

何かが終焉を迎える予兆。しかし、落胆する必要はない。断ち切りたい悪習や悪縁を手放せるのだから。冥王星が司るのは「死」と「再生」。そこにあるのはただの荒れ地ではなく、種を宿した地面だということ。

迷路	例えば… ・手作り迷路をプレゼントされる ・脱出ゲームに誘われる ・複雑なルートを通る

簡単に攻略できたなら、それは心の準備が整う暗示。交渉や告白といった緊張のシーンでも、堂々と振る舞えそう。自ずと結果はついてくる。攻略に時間がかかるなら、準備不足のサイン。プランを練り直すべき。

メガネ	例えば… ・壊れたり、紛失したりする ・他人のメガネをかける ・メガネキャラと懇意になる

徐々に視点が切り替わるサイン。「企業目線」から「お客様目線」に変わり成果を出すようなイメージ。友達と思っていた異性が気になり始める場合も。特に壊れたメガネなら、明日にでも見方が変わるかも。

目覚める 起きる	例えば… ・不意に起こされる ・モーニングコールをもらう ・予定より早めに目が覚める

心の中に抑圧した何かが、暴発する暗示。感情的になったり欲望のままに動いてしまうかも。「いいバスオイルを使う」「高いチョコレートを食べる」といった、ささやかな贅沢で落ち着けるので試してみて。

【も】(mo)

メリーゴーランド
例えば…
- 乗る機会がある
- 思い出話に登場する
- 幼少期のビデオに映っている

何も考えずに行動してしまいそう。失言や凡ミスに要注意。また、堂々巡りで事態が進展しないことを暗示している場合も。進まない恋や仕事にいらだちが募る予感。何でも「人のせい」にしていないか振り返ってみて。

木星
例えば…
- 関係のある話題を耳にする
- ニュースで見る
- 気に入った詩や歌に出てくる

奇跡的な幸運が舞い込む予兆。「発展」と「拡大」にスポットが当たる。理想が現実になったり、活動や研究の範囲が広がりそう。動けば動くほど成功の数が増える予感。しばらくは「アクティブ」をモットーにすべき。

木曜日
例えば…
- 木曜日生まれの人と知り合う
- 記念日が木曜日になる
- 重要な予定が入る

運命的な出会いがある暗示。恋や成功を掴む、サクセスストーリーが幕を開ける。また、神がかった発想が舞い降りてきやすくなりそう。身体が勝手に、ワンランク上のステージへと向かうような感覚に。

元カレ 元カノ
例えば…
- 別れた恋人に再会する
- 連絡がある
- 思い出の品が出てくる

元恋人への未練に限らず、仕事や趣味でも「過去」に執着して失敗してしまう暗示。古い感覚で決断すると、痛い目に遭うので要注意。ただし、元恋人の言葉が、「今」の成功につながるヒントとなる場合も。

ものもらい
例えば…
- ものもらいができる
- 知り合いがものもらいにかかる
- 関係のある話題を聞く

見て見ぬふりをすると、深刻な事態を招くかも。恋人や友人の異変や仕事上のトラブルを、「後で対応しよう」と先送りにするのはNG。後悔してもし切れないことに。今対処しておけば、最少失点で切り抜けられる。

門 ゲート
例えば…
- ちょうど門が開く
- 城門を通りかかる
- ゲート付近で足止めを食らう

人生の節目を迎えるサイン。門の向こうに見えるものが、目指すべき場所を暗示している。例えば大きな建物が見えたなら、目標を高く設定すべきということ。人が多いなら、コミュニケーション能力を磨く必要が。

【や】(ya)

山羊座

例えば…
- 山羊座の友人からの連絡
- 12月末〜1月末の予定が多い
- 山羊座の人とばかり知り合う

地道に続けてきたことが、日の目を見る暗示。派手な成果ではないかもしれないが、それは多くの人の地盤を支える立派な功績。そして、新たな目標ができる予感も。1歩1歩進むことが、実は一番の近道のよう。

焼く

例えば…
- 食材が焼かれている
- 香ばしい匂いを感じる
- 稼働中の焼却炉を見かける

焼かれているものに注目を。食べ物なら、思わぬ幸運が用意される前兆。ゴミや紙なら、頭から何かが消える暗示。つらい記憶を消せることもあるが、重要なことを忘れて非難される場合もあるので注意。

ヤシ

例えば…
- 樹皮や油を使った製品をプレゼントされる
- ヤシの実のアイテムを見る

経済的に豊かになる暗示。その要因は、勝負運の高さ。投資や独立など、「思い切った決断」がお金を引き寄せるはず。選んだほうに吉がある運気なので、迷う必要はない。直感に従って決めてOK。

野獣

例えば…
- 野生の動物を目撃する
- 作物などを荒らされる
- 毛皮や牙を使った品物をもらう

抑圧している衝動が、表面化するサイン。不満やグチが口をついたり、暴飲暴食をしてしまうかも。目にした野獣の種類が多いほど、その傾向が強くなる。一気に発散すると、野蛮な印象を与えるので気をつけて。

休む/休憩

例えば…
- 会社などで隣の席の人が休む
- 休みを取るようすすめられる
- ベンチで休憩中の人を見かける

ゆったりと休憩しているなら、近いうちにあなたをサポートする人が現れる予感。疲労困憊の様子なら、目の前のことから逃げ出してしまうかも。でもそれは、必要な自己防衛。一番大事なものは何か、忘れないで。

ヤセる/ダイエット

例えば…
- ヤセた人とすれ違う
- 人から「ヤセた?」と言われる
- 知人がダイエットを始める

魅力アップの吉兆。あなたに合ったメイク情報をゲットしたり、セールでおしゃれな服を手に入れるなど、華やかさが一段アップしそう。ただし、げっそりした印象なら、体調不良の暗示。食生活を見直すべきと心得て。

破る

例えば…
- 衣服の破れを発見する
- 障子や網戸を破ってしまう
- 約束を破られる

プラスマイナス0になる暗示。ラッキーなことがあったなら、同程度のアンラッキーが。逆に、頭を悩ませている案件が解決する予兆でもある。失敗しても取り戻せる運気なので、アグレッシブに動くこと。

山

例えば…
- 空気が澄んで遠くの山が見える
- 山折りの紙を渡される
- 登山に誘われる

越えなければならない障害が出現する。ただしこれは、誰しもに訪れるレベルアップミッション。クリアすれば、「恋→結婚」「ノルマ達成→プラスワンの功績で昇進」というように、一気に階段をかけ上がるはず。

【ゆ】
(yu)

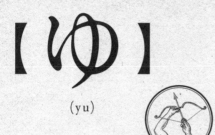

| 遊園地 テーマパーク | 例えば… ・チケットをプレゼントされる ・一緒に行こうと誘われる ・遊園地での思い出がよみがえる |

理想ばかりを追いかけると、現実的な問題に直面する可能性が。今は地に足の着いたプランが吉。いったん夢などの高い目標から目線を下げて、足元を見て。1歩ずつ進んでいけば、必ずたどり着くはず。

| 友人 友達 | 例えば… ・偶然、街で会う ・その人の噂話を聞く ・久しぶりに会う |

ひょんなことで評判を下げる暗示。その友人の嫌な部分は、あなたにもあるのかもしれない。反面教師だと思うこと。人の振り見て我が振り直せば、周囲とのコミュニケーションがスムーズになる予感。

| 郵便 配達員 | 例えば… ・配達中の姿を目撃する ・目の前を横切る ・指定外の物が届けられる |

家の前を素通りする場面を目撃したら、近々、がっかりする出来事があるかも。期待は捨てて、次の策を練って。また、ちょうど自宅のポストに郵便物を入れる姿なら、同僚や友人に秘密を打ち明けられる予兆。

| UFO | 例えば… ・UFOの特集動画を見る ・オカルト系の本をすすめられる ・周囲で話題に上がる |

予想だにしなかった事件が起こる暗示。奇跡の再会や確率の低いものに選出されるなど、人生に一度あるかないかの体験をするかも。一方、思い違いで失態を犯す可能性も。しつこいくらいの再確認が◎。

| 夕焼け | 例えば… ・ふと空を見上げると夕焼けだった ・絵や写真、映像で目にする ・小説や漫画の描写で見つける |

甘いムード満点の恋に浸れそう。恋の始まりやマンネリ打破の空気。ただし夕焼けがあまりに赤い色なら、冷静さを欠く暗示。甘えすぎて「重い」と言われるかも。ある程度の距離感は、思いやりだと思って。

| 幽霊 お化け | 例えば… ・霊の存在を感じる ・怪談を聞く機会がある ・心霊番組を見てしまう |

メールや電話でSOSがある予感。同僚や友人が困っている可能性大。「あなたらしい」発想が、一気に解決へと導くはず。思い当たる人がいるなら、自分から連絡してもOK。"お節介"がプラスに転じる。

| 雪 | 例えば… ・雪の結晶を目にする ・身体に雪が積もった人を見る ・季節外れの雪が降る |

終息に向かう暗示。気に入っていたメンバーに入れ替えがあったり、やりがいを持っていた業務が終わってしまうかも。でもそれが、あなたを成長させることに。逆に、不安なことが希望に変わる予兆でもある。

指

例えば…
- 指を題材にした作品を見る
- 誰かと指切りをする
- ハンドサインを目にする

キレイな指なら、あなたの優しさが誰かを救う、あるいは誰かの優しさに助けられる暗示。ちょっぴり恥ずかしい言葉でも、躊躇せず伝えて。不潔な指なら、やりたくないことを強制させられる凶兆なので警戒して。

指輪リング

例えば…
- 指輪を自慢される
- プロポーズのシーンを見かける
- 指輪を拾う

誰かに思いを告げられる前ぶれ。それは恋の告白かもしれないし、改革の提案かもしれない。いずれにせよ、大切な約束を交わすことになりそう。人生のターニングポイントと思って、真剣に答えを出して。

弓矢

例えば…
- 破魔矢を持った人を見る
- 弓矢を使った行事を鑑賞する
- 矢柄を身につけた人と出会う

結果が出る時。もう少しで「ここまで」と決めた目標をクリアできそう。もし弓矢が誰かに向けられているなら、何か言いたいことがある相手がいるのでは？ 思いがダイレクトに刺さるので、迷わず伝えて。

夢

例えば…
- 誰かに夢の内容を話される
- 夢に関する本をプレゼントされる
- 印象的な夢を見る

夢の印象、あるいは夢占いでわかる吉凶と現実がリンクする。いい印象の夢or吉夢なら、内容に関連したラッキーな現実を引き寄せるかも。ただし内容に関わらず、朝食前に夢の話をすると不運を招くので注意。

【よ】(yo)

妖精

例えば…
- フィクション映像で見る
- キャラクターにハマる
- 「妖精のようだ」などのワード

心身共にエネルギーが満タンになる暗示。モチベーションが上がる出来事と、身体をリラックスさせる時間が手をつないでやってきそう。万全の態勢で挑めるので、試験や勝負事にツキがあると覚えておいて。

ヨット

例えば…
- ヨットに乗る機会がある
- 多数のヨットを目にする
- 絵や写真、映像の中で見る

楽しいことが起きるラッキーシグナル。おもしろい遊びやスポットを覚えられる。誘いも多く、休日は気のいい仲間と心地よく過ごせそう。また、職場で「助け合い精神」が広がる予感。自然と前向きになれるはず。

四つ葉のクローバー

例えば…
- 公園などで見つける
- クローバーモチーフのアイテムをプレゼントされる

代表的な幸運の予兆。特に勝負運がアップしているよう。運気が決断を後押ししていると覚えておいて。見つけたら、手帳の間に挟んでおくと◎。自分だけの目につく場所に保管すれば、幸運が長続きするはず。

予定

例えば…
・ダブルブッキングする
・突然キャンセルになる
・予定通りに運ばない

もしも約束通りにならないなら、「今会っても実りがない、互いが不幸になる」という天からのメッセージ。例えばプレゼンや打ち合わせの予定が噛み合わなかったら、その仕事自体の見直しが必要なのかも。

鎧

例えば…
・鎧や甲冑姿の人と出会う
・身につける機会が訪れる
・時代劇ばかり目にする

保守的になりすぎて、八方塞がりになる暗示。自分に厳しすぎるのも考えもの。時には手を抜いたり、先輩に軽口を叩いたりするような、ラフな姿勢も大事ということ。心の鎧を脱げば、可能性がグッと広がるはず。

喜ぶ・うれしい

例えば…
・喜んでいる人を見かける
・クラッカーなどお祝いに使うグッズが気になる

「喜んでいる」シーンなら、そのイメージ通り最高の結果が訪れる暗示。告白やプレゼンが大成功する予感。ただし「喜ばせている」シーンなら、誰かに嫉妬する予兆。自分の欠点ではなく、長所を数えてみては？

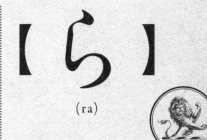

【ら】(ra)

ライオン・トラ

例えば…
・動物園で印象に残る
・脱走などのニュースを見る
・ぬいぐるみをもらう

スポットライトを浴びる暗示。仕事ぶりが注目されたり、出会いの場で一番人気を得るなど、まるであなたを中心に世界は回っていると錯覚させられるほど。何を言っても賛同されるので、積極的に提案してみて。

ライト・電気

例えば…
・懐中電灯を向けられる
・電球を取り換える
・停電する

明るいライトは、家庭運アップの予兆。家族間の問題は解決に向かいそう。健康運も上向きに。今、ジョギングやスポーツジム通いを始めると定着する予感。灯りが不意に消えたなら、悩みの種が1つ増える暗示。

ラジオ

例えば…
・余所の電波を拾って、一瞬チャンネルが変わる
・タクシーでラジオを聞く

その内容に耳を傾けて。窮地を脱するためのヒントが隠れている。特に歌やコマーシャルは強いメッセージを持っている。失恋の曲なら、仕事よりも、恋人や好きな人との時間を大切にすべき時、ということ。

【り】(ri)

リス

例えば…
- ペットショップで見つける
- リスがいるところへ誘われる
- キャラクターグッズを発見

財産管理の仕方や、貯蓄方法を見直す機会が訪れる暗示。お得な保険やローンの組み方など、有益な情報を得られるかも。今、無駄な出費がないか確認しておくと、将来の経済状況が変わってくるはず。

リモコン スイッチ

例えば…
- どこに置いたか忘れてしまう
- ボタンやカバーが外れる
- 電池もしくは充電がなくなる

家族間の意思の疎通がうまくいかず、トラブルが起きる前兆。子育てや介護の考え方で衝突することがあるかも。感情的になると、事態が長期化しそう。意見の割合を自分1、相手2くらいで話し合えるとスムーズに。

両親

例えば…
- 電話がかかってくる
- 荷物を受け取る
- 他人の両親に会う

力強く支えてくれたり、優しく癒やしてくれる存在が現れる予感。ただし頼りすぎると、あなたの成長は頭打ちに。「持ちつ持たれつ」の関係を意識すると吉。「親友でありライバル」のような存在に化ける。

料理

例えば…
- 手料理を振る舞われる
- 料理教室に誘われる
- レシピ本をプレゼントされる

あなたの中に、何かが芽生えてきているよう。それは、今までになかった感情や発想。素直にアウトプットすれば、大きなチャンスを得られる予感。成長というよりも、リニューアルの時が近づいている様子。

旅行 旅

例えば…
- 思い立って弾丸旅行をする
- 旅行中の人から連絡がある
- 過去の旅行の記憶を思い出す

旅のイメージが、そのまま現実に直結するサイン。楽しい雰囲気なら、明るく前向きな日々、傷心ムードなら挫折や失恋の暗示。旅立つ瞬間が印象的だったら、近々環境が一変する出来事があることを示唆。

リンゴ

例えば…
- お菓子や料理をご馳走される
- リンゴ味ばかり巡ってくる
- 差し入れされる

愛されムードが格段にアップする時。リンゴは愛の女神であるアフロディーテを象徴する果実で、美しさや魅力がつまっているとされる。同性からも異性からもモテる予感。美容関連にこだわりができることも。

【れ】
(re)

霊柩車

例えば…
- 目の前を通り過ぎる
- 見たという話を聞く
- 出発のシーンに出くわす

苦手な人や憎んでいる存在が、視界からフェードアウトしてく予兆。人事異動でいいメンバーに変わったり、迷惑な隣人が引っ越すような、"安堵"の瞬間が訪れそう。重しが外れたように、歩みが軽くなるはず。

| レシート | 例えば… ・落ちているレシートを発見 ・欲しいのにレシートが出ない ・レシートが破れる | レモン | 例えば… ・香りのついたアイテムをもらう ・お菓子や料理をご馳走される ・不意に香りや味を思い出す |

金運ダウンの兆候。お金の使い方がルーズになったり、収支に関して無頓着になっていく予感。ふと気がつくと、貯金や収入がガクンと低下していることが。少しケチなくらい、シビアな金銭管理を心がけて。

恋愛成就のサイン。意中の相手と急接近する出来事がありそう。レモンは恋を叶えるフルーツと言われており、一緒に口にすれば、さらに関係が深まるとされる。砂糖やはちみつが一緒なら、さらに効果的。

【ろ】(ro)

| 老人 お年寄り | 例えば… ・声をかけられる ・目に留まる ・長寿の祝いをする |

マンネリ気味で、運気が停滞しているサイン。退屈に感じているなら人に頼らず、自ら変化を求めることが大切。アドバイスが欲しい時は、年上の意見に耳を傾けて。自分にはないアイデアをもらえそう。

| ロウソク キャンドル | 例えば… ・アロマキャンドルなどをもらう ・教会などでキャンドルに火が灯されている光景を目にする | ロケット | 例えば… ・宇宙飛行士の話題を耳にする ・発射成功の速報を見る ・ロケットに乗る夢を見る |

キレイに輝く炎が印象的なら近々、心が洗われるような経験をしそう。火花を散らして燃えているのは、急に客人がやってくる予兆。火が消えるまで放っておかれたロウソクは凶兆なので、すぐに片づけて。

冒険心があるが、地に足が着いていない様子。実現は困難かも。ただし、すぐに諦めないでトライ・アンド・エラーを繰り返せば、それに近い形で夢が叶うかも。めげなければ、可能性は0ではない。

【わ】(wa)

| ワイン | 例えば… ・ご馳走される ・ソムリエを紹介される ・ワイン通の人と知り合う |

幸運が舞い込む予感。古代ローマでは神の飲み物とされていたワイン。赤ワインなら生命力の向上や成功、白ワインならビューティ運アップや恋の進展が期待できそう。トラブルをうまく回避する暗示でもある。

別れる

例えば…
- 目の前で人が別々に分かれる
- 別れの現場を目撃する
- 親しい同僚が異動になる

首の皮1枚で恋愛の危機を回避する予感。別れ、あるいは諦める必要はまだない、というメッセージ。また、別れを告げられる人を目撃したなら、あなたの思いは、残念ながら一方通行のよう。別の道を探すほうが吉。

罠

例えば…
- 動物用の罠を見つける
- 「ハニートラップ」など、関連するワードを耳にする

クリエイティブなアイデアを妨げられる暗示。常識やしきたりなど、目には見えないルールからＮＧを突きつけられそう。とはいえ、その発想はとても素晴らしいもの。時期がくるまで、心の倉庫にしまっておいて。

ワニ

例えば…
- クロコダイルの財布などワニ革のアイテムをプレゼントされる
- 食用のワニに縁がある

気持ちが先走って、空回りするサイン。普段より成果が出にくいというより、普段より成果が出にくいと"感じやすい"はず。気持ちが息切れしやすい。丸1日考えない日を設けると、効率がグッと上がる。

笑う笑顔

例えば…
- 誰かの笑い声を耳にする
- 人を笑わせることができた
- 鉄板ネタができる

吉凶混合。楽しい気持ちと大変な思いの両方を、同時に経験する予感。ハプニングをどう捉えるかで、感じ方が変わりそう。または異性への思いが高まりすぎて、ちょっと恥ずかしい思いをすることがあるかも。

【数字】

(number)

1

例えば…
- 1人っ子と知り合う
- 何らかのラストワンを手にする
- 1等賞になる

何かが始まろうとしている予感。エネルギーが満ちて、最高のスタートダッシュが切れる。また、自分の「基礎」となる部分を再認識できる契機が訪れる。それこそが、あなたの一番のセールスポイントということ。

2

例えば…
- 次男、次女と知り合う
- 2人組を見かける
- サブ的ポジションを与えられる

物事が二極化する可能性、迷いや別れを暗示。逆に、光と影、水と油、といった相反する存在が混ざり合うことを示す。職場に犬猿の仲の2人がいるなら、2人ともやめるか和解するか、という結果に。

3

例えば…
- 三男、三女と知り合う
- 3人組を見かける
- ピラミッド構造を目にする

クリエイティブなひらめきがありそう。独自路線で仕事や趣味に取り組むと、好成績を残せる予感。また、言動が男性的になって、幸運を掴みやすくなるサイン。いつもより、行動力と決断力がアップするはず。

4

例えば…
- 四男、四女と知り合う
- 4番バッターが気になる
- 4対4のコンパに参加する

安定した、穏やかな時間が流れそう。大きな失敗はないはず。恋も仕事も安定しているが、基礎を疎かにすると痛い目に。ファインプレーよりも、エラーの少なさを評価されやすいと覚えておいて。

5

例えば…
- 五男、五女と知り合う
- 背番号が5の選手のファンになる
- 五芒星（☆）のシンボルを見かける

今まで関心のなかったことに興味が湧いてくる予感。俳句や詩、落語といった文化レベルの高い趣味に縁があるかも。交友範囲が広がったり知識が増えたりして、自然とコミュニケーション力がアップするはず。

6

例えば…
- 6日、6年などの日付
- 順番が6番目に
- 六芒星（✡）のシンボルを見かける

調和の象徴。アダムとイブの楽園にも通じるような、異なるものを融合させる力がみなぎる予感。今まで敬遠していたようなタイプの恋人や友人を得るかも。深い愛情や愛の喜びを知ることになりそう。

7

例えば…
- 七味唐辛子をもらう
- 7色の虹を見る
- 七福神を見かける

神がかり的な幸運を手に入れる予感。ひと目惚れした相手にひと目惚れされるような、奇跡体験が待っている。ただしこのチャンスには、同時にリスクが伴うことも忘れずに。浮かれすぎると、すべてを失うかも。

8

例えば…
- 名前が8文字の人と知り合う
- 8日前のことを思い出す
- 8人で旅行に行く

終わってしまったと思っていた何かが、再生する予兆。没になった企画が認められたり、念願の復縁が叶ったり。過去に縛られるのはよくないが、過去に幸運の手がかりがあることもまた、事実ということ。

9

例えば…
- 雲の形が9に見える
- 9のつく国道・県道を通る
- 野球に誘われる／観戦に行く

勇気のある行動や決断ができる予感。何があっても、天の力に助けられると信じてOK。今は不思議と、どんなピンチに陥っても跳ね除けるタフさが備わっている。周囲の期待の星となる可能性もありそう。

0

例えば…
- 無料で何かをもらう
- 0カロリーの食品をもらう
- 楕円形を見かける

過去や秘密にスポットライトが当たる時。もしも後ろめたいことを追求されたら、言い訳はしないこと。自分の価値を下げる結果に。生と死を司る数字でもあるので、誕生や終焉のシーンに立ち会うことも。

ゾロ目

例えば…
- レシートの金額にゾロ目がある
- ゾロ目のナンバープレートの車を見かける

ゾロ目は、数字の特性がパワーアップすると考えて。各数字の予兆は、それぞれの項目を参照。また、その数字をどこで見たのか、ということにも注目を。デジタル時計、落書き、駅など。総合して判断を。

Column 2

12星座別
重要な予兆(サイン)を得やすいシーン

　　占星術では、その人についている"守護の神霊(ダイモン)"があると考えられています。その神霊は、あなたの星座から数えて11番目の星座。その星座の力が強まる状況で、よいサインが訪れるのです。そして実は、12星座別にそれらに気づきやすいタイミングがあります。ここで紹介する場面で得たサインをひもとけば、必ず幸運へとつながるはず。

♈ 牡羊座　3.21 » 4.19
やりたいことをしている時
"自由"を感じている瞬間に、大切なメッセージが降りてきます。恋人や友人、あるいは常識に束縛されると、インスピレーションが弱まることに。幸運のスパイラルに乗る条件は「あなたらしさ」です。

♉ 牡牛座　4.20 » 5.20
親しい人と過ごしている時
12星座の中で、もっとも予兆を得やすい体質を持っています。特に、大切な誰かと共に過ごしている時、重要なサインに気づけるでしょう。ただし、孤独を感じる時は感覚が鈍っているので、盲信しないように。

♊ 双子座　5.21 » 6.21
変化のタイミング
新しい環境に身を置いたり、物を新調する時に得た予兆は要チェック。今後の指針となるアドバイスを受け取れそうです。マンネリ化すると、サインを見逃しがちに。挑戦と予兆は"セット"と心得て。

♋ 蟹座　6.22 » 7.22
ハイグレードなものにふれた時
上質な物や体験の周りに、重要なメッセージが。特にラグジュアリーな空間で得た予兆には、核心をつく答えがあるかも。ただし、チープなアイテムを身につけていると、サインを受信しづらくなります。

♌ 獅子座 7.23》8.22

何かをリサーチしている時

情報を得ようとする時、一緒に重大な予兆に気づくタイプです。特に、SNSやネット記事を見ている時に、深刻な何かを感じそう。一方、決まったルーティーンで動いている時は、サインに鈍くなるかも。

♍ 乙女座 8.23》9.22

居心地がいいところにいる時

家や職場など、"ホームグラウンド"での偶然に注目を。人生の指針となるようなメッセージを受け取れるはず。慣れない場所では、貴重な情報を得にくいかも。心が落ち着いているほど、サインを得やすいはず。

♎ 天秤座 9.23》10.23

目立っている時

遊んでいる場面や、人前に立っている時の予兆を見逃さないで。ハッとさせられるようなアドバイスがありそう。家に引きこもっていても、幸運のヒントは見つかりません。積極的にいろいろな場に顔を出して。

♏ 蠍座 10.24》11.22

何かを地道に続けている最中

コツコツ努力をしていると、ご褒美かのように有益なサインが降りてきます。何かについて詳しく調べている時も、予兆を得やすいようです。人任せな姿勢でいると、重大なメッセージを見落としがちなので注意。

♐ 射手座 11.23》12.21

祝福ムードが漂う時

結婚式やパーティーなど、華やかなシーンに注目。大切なことを告げるサインが転がっています。特に択一の悩みに答えが得られそう。偏った考えをしていると予兆を見落とすので、視野は広く持つこと。

♑ 山羊座 12.22》1.19

シークレットな時間

「秘密」の近くに重大な知らせがありそう。内密な関係の人と過ごす時間や、何かを内緒で進めている時に降りてくるサインが、人生を左右する場合も。公の場では、予兆が埋もれてしまいがちです。

♒ 水瓶座 1.20》2.18

遠くに出かけた時

旅先での気がかりや偶然は、大きな意味を持っていると心得て。最近熱中している物事の近くにもヒントがあります。近場では感じなかったことが遠くに行くほど敏感になり、大切なメッセージに気づくのです。

♓ 魚座 2.19》3.20

我慢のタイミング

忍耐強く耐えている時に見える景色に、幸運のヒントが隠れています。残業が続いている最中に起きた偶然の意味を調べてみて。事態好転のきっかけを掴めるはず。ただし、堕落した生活をしていると鈍感に。

第3章

アーティフィシャル・サイン
Artificial Sign

～自発的に得る予兆～

ジオマンシー占いで
具体的な悩みの答えを求める

　さて、世の中のあらゆる偶然が語りかけるメッセージ（ナチュラル・サイン）についてひもといてきましたが、序章でもお話したように、あなたから偶然の答えを求める方法（アーティフィシャル・サイン）もあります。それこそが、皆さんご存知の「占い」です。

　古の人々がアーティフィシャル・サインを求めたのは、自分のタイミングで神託を受けたかったからでしょう。
　あなたにも、すぐにでも答えやヒントが欲しい悩みがあるのではないでしょうか？　そこで今回は、1人で手軽にサインを求められる「ジオマンシー占い」を紹介しましょう。

　「ジオ（大地）」+「マンシー（占い）」、直訳すると「土占術」とも呼ばれるこの占いは、9世紀頃アラビア半島で生まれ、イスラム教の発展と共に世界各地に広まっていきました。そして、ルネサンス期のヨーロッパで大流行したのです。
　ジオマンシー占いは、西洋版の「易占い」のようなもので、土に棒で点を打ち、その数の偶然性を神のメッセージとして解釈していました。時代が進むにつれ、紙とペンを使って行われるようになっていったようです。
　詳しい占い方は、ジオマンシー占いのやり方（P134〜）をチェックしてください。

具体的な悩み、例えば「このまま交際を続けるか、別れるのか悩んでいる」「A社とB社に誘われているが、どちらに行くべきか迷っている」といった問いに対して、ダイレクトな神託を得ることができます。

　例えば、悩みに対して結果が「ヴィア」なら、前者には別れ（新しい道）の先に幸運が待っているというアドバイス、後者には会社の将来性を重視すべきだという答えになるでしょう。

　さて、あなたはどんな悩みを持っているでしょうか。
　早速、あなたの迷いに対する答えを探しに行きましょう！

ジオマンシー占いのやり方
How to Geomantic Fortune Telling

1 紙とペンを用意する

手帳やノート……何でもいいので「白紙」のものとペンを用意してください。タブレットPCでもいいでしょう。"点"を打てる環境なら何でもOK！

2 占いたいことを決め 無心で点を打つ

まず、占いたいことを頭に思い浮かべてください。例えば「告白されたけど交際に踏み切るか悩んでいる」など。そしていったん心を無にし、点を横に打っていってください。数はいくつでもOK。それを4回繰り返しましょう。

＼＼＼＼＼＼＼	←7（奇数）
＼＼＼＼＼＼＼＼＼	←9（奇数）
＼＼＼＼＼＼	←6（偶数）
＼＼＼＼＼＼＼＼	←8（偶数）

3 打った点を ジオマンシー・シンボルに置き換える

無心で打った各列の点の数を数えてみましょう。それが奇数なら1つ、偶数なら2つの●を4列並べてください。その形が、あなたの悩みに対する占い結果を表しています。右図の通りなら「フォルチュナ マイナー」となります。

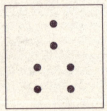

該当するジオマンシー・シンボルの占い結果をチェック！

該当の箇所を読んでください。例えば2の答えは「フォルチュナ マイナー」。穏やかな幸せを暗示しており、後悔することはなさそう。

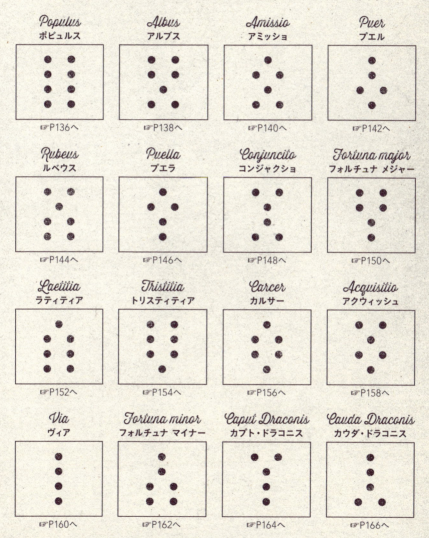

ポピュルス
Populus

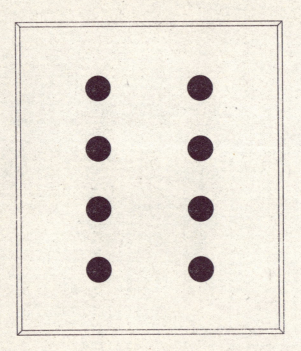

人が集まるところに
答えがある

第3章／アーティフィシャル・サイン〜自発的に得る予兆〜

恋のサイン

にぎやかな雰囲気が◎
楽しい時間が訪れそう

友人の紹介やお見合いといった「1対1」のシチュエーションより、職場のパーティーや街コンなど大人数でのイベントに理想の相手がいます。評判やステータスより、直感で選ぶと吉。意中の人がいるなら、まずはグループ交際から始めること。集団の中で、あなたの魅力が際立ちます。テーマパークで距離が縮まったり、惚れ直したりする予感。

仕事のサイン

商売繁盛の暗示
深さより広さが重要

高い仕事運を示しています。社内外で成果を挙げる好機の到来です。ただし、独創的なアイデアはいったん封印しましょう。ポピュラーな企画や商品が成功のカギ。SNSやネットニュースをこまめにチェックすれば、世間が求める「おもしろい」が見つかるはず。また、一時の感情で信頼を失う可能性があるので注意。いつもより丁寧な言葉遣いが災難を避けます。

お金のサイン

吉凶がはっきり分かれる
運の流れを読むこと

大きな得をするか、大きな損をするか。勝負事は直近の運を判断材料にして。例えば臨時収入などがあった場合は「大勝ち」の運気。一気に攻めましょう。財布を忘れたり、セール品を逃したりしたなら「大負け」の予感。今は投資や賭け事は控えたほうが無難でしょう。また、イベントやレジャーにお金を使うと、思わぬリターンがあることも。

人間関係のサイン

周囲に左右されやすい
成長の"養分"を見つけて

良くも悪くも、他人の影響を受けやすい状況です。グチや不満ばかりの人と過ごすと、モチベーションも周囲の評価もガクンと下げることに。尊敬できる上司や向上心の強い同僚と、腹を割って話す機会を作ってみて。今まで理解できなかった知識や考え方が、ストンと胸に落ちそう。また、思わぬ出世話や魅力的な転職の情報にも期待できるでしょう。

アルブス
Albus

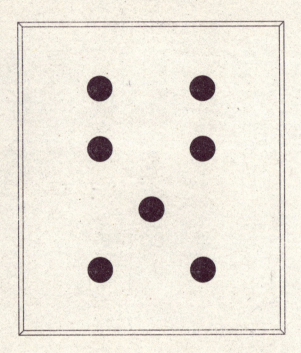

まっさらな未来を
あなた色に染める

恋のサイン

飾らない姿で
ピュアな恋を引き寄せ

まっさらな、初恋のような気持ちに。奥手な異性との出会いがあるかも。また、今まで交際したことのないタイプの人と縁がある暗示です。駆け引きは止めて、ありのままの自分で勝負すること。相手に"染まっていく"ような恋を楽しめるでしょう。ただしパートナーがいる人は、誘惑に要警戒。違った色気を放つ異性からアプローチされそうです。

仕事のサイン

初心に返れば
スムーズに進む

原点回帰すれば、ピンチを乗り越えられます。スランプに陥ったり、重要なプレゼンや納期の前倒しなどプレッシャーのかかる場面が訪れたら、新人時代の気持ちを思い出してみて。しがらみや責任から目を逸らしてOK。怖いもの知らずくらいの姿勢のほうが、好成績につながります。また、他社から声がかかることもありますが、今は凶と出る予感。

お金のサイン

意識しなくても
後から勝手についてくる

金運はいい方向に流れています。よりお金に恵まれるコツは「稼ごう」「増やそう」と意識しないこと。「ボーナス査定のために」と邪な気持ちで、ゴマをすってみても効果はありません。例えば、「誰かのために」とやりがい一心で働いてみて。すると、結果としてボーナスが増えたり、好待遇でヘッドハンティングされたり、賃金アップにつながるはず。

人間関係のサイン

古いつき合いより
フレッシュな関係を優先

"新しい関係"が発展しやすいようです。最近出会った異性と距離を縮めたり、新規の取引先と積極的に交流すると吉。将来的に、大きな利益が生まれます。そのため、習い事や趣味サークルなど、新たにコミュニティを増やすことをおすすめします。「初めまして」が増えるほど、運気も上昇。有益な情報をくれたり心から相談できる仲間ができるチャンス。

第3章／アーティフィシャル・サイン～自発的に得る予兆～

アミッショ
Amissio

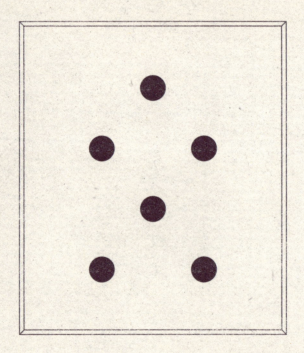

失って気づく
幸運の在り処

恋のサイン

別れがあっても
新たな幸せがやってくる

　失恋のサイン。デートの誘いや告白はいったん見送りましょう。一時的に関係がギクシャクするかも。相手のネガティブな側面を見たうえで、「それでも、一緒にいたいか」という天からの問いかけです。恋人がいる場合も、別れの可能性が。もし、離れたなら、思い出のアイテムは迷わず処分を。さらにベストな相手が現れる予兆でもあるのですから。

仕事のサイン

災難が降りかかる
反撃のチャンスを待って

　何かとショックなことが続きそうな運気。プロジェクトが頓挫したりお得意の取引先が撤退するなど、試練が訪れるかも。それでも、深刻になりすぎないこと。一見マイナスに見えることでも、実は長い目で見るとプラス要素。失敗を糧に新たな企画を立てたり、得意先が変わってできた新たな関係を大事にすれば、もっと大きな成功を掴めるでしょう。

お金のサイン

お金が流れやすい時
価値観が広がりそう

　金運ダウンの予兆。無駄な出費が増えやすいので、財布のひもをきつく締めましょう。また、言葉巧みに商売に乗せられたり、年収で人を選ぶ風潮を目の当たりにしたり、お金という価値に疑問や嫌気を感じることも。裏を返せば、プライスレスな経験や関係を大事に感じられる時。休日はアクティブに外出して。懐事情に左右されず、充実感を得られます。

人間関係のサイン

顔ぶれに大きな変化
動揺してもいずれ慣れる

　人間関係がシャッフルされる予感。信頼する上司の異動や部下の退職、家族や恋人の転勤など……。1ヵ月後に周りを見渡すと景色が全然違う、なんてことも。あなたは運命を恨むかもしれません。そんな時は、1年前、10年前、周りにいた顔ぶれは同じだったか、思い出してみましょう。そう、どんな時でも、あなたの味方は近くに現れるのです。

第3章／アーティフィシャル・サイン〜自発的に得る予兆〜

プエル
Puer

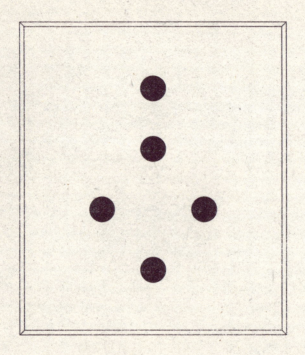

少年のような
無邪気さを思い出して

恋のサイン

運が味方になる
積極的に押すべき

　異性に魅力的に映りやすくなっています。ただし、待っているだけでは事態は進展しません。今こそ、臆せずアピールする時。大事なのは"情熱"。メールにハートマークをつけたりボディタッチしてみたり、露骨なくらいの言動が効果的です。すると、すぐに相手から誘いがあるはず。パートナーがいる人も同様に、"肉食系"の言動が円満のカギ。

仕事のサイン

職場への不満が……
一時の感情で動かないで

　給料や労働環境に不満を持っている自分に気づきます。過去や他社と比較して上司にグチを言ったり、見切り発車の転職を考えたりする予感。しかし、冷静さを失うほど運気は下がる一方。いったん落ち着いて、今の自分にあるものを数えてみて。やりがいや人間関係に目を向けても気持ちが変わらなければ、決断してOK。ただし、入念な下調べを！

お金のサイン

お金を増やすカギは
ライフサイクルの見直し

　結婚や老後といったライフプランが話題になり、収入や貯金に不安を覚えることに。ただし、勢いのままに不動産投資を始めたり保険を組み直すのはNG。しっかり専門家に相談して決めること。また、忙しくて通えていないジムの会費や通信機器の料金プランなど、無駄な出費がないか確認してみて。今見直せば、1年後の貯金額が大きく変わります。

人間関係のサイン

自分が変われば
自然と周りもついてくる

　神経質になる予感。思い通りに動かない周囲に、イライラしてしまうかも。それはあなたが、「チームとしての成功」を求めているから。でも、今はそのエネルギーを周囲ではなく、自分に向けてみましょう。セミナーや習い事に参加すると大幅にスキルアップできそうです。直接的に働きかけるより、「行動で示す」ほうが有効な時期だと心得て。

ルベウス
Rubeus

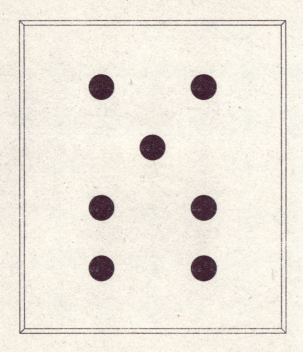

闘争心の"赤"が
奇跡を呼ぶ

恋のサイン

意外な恋の始まり
オープンな姿勢が◎

　予想していなかった展開になりそう。いい雰囲気だと思っていた人にあっさり恋人ができたり、高嶺の花だと諦めていた人から告白されたり……。もし悪いほうに出るなら、相手に思いが伝わっていないのかも。成就させるカギは、周囲を味方につけること。素直に相談すれば、強力な援軍が現れます。不倫や浮気は明るみに出やすいので注意。

仕事のサイン

良くも悪くも
サプライズが起きやすい

　立場逆転の暗示。有利に進めていた案件で主導権を奪われたり、下に見ていた同僚が上司になったりするかも。また、実力以上の仕事やポストを手にする可能性を暗示しています。想定外の連続にストレスが増えるかもしれませんが、1人で抱え込まないこと。今は不満やグチが、親近感などプラスのエネルギーを生み出すので、遠慮せず周りを頼って。

お金のサイン

固執しないこと
赤いアイテムに幸運が

　執着が強いほど、金運に見放されやすいので注意。端数まで割り勘にしたり、後輩に負担させたり"ケチ"な姿を見せないようにしましょう。年収や貯金をごまかしてもバレやすい予感。また、赤い財布やバッグを持っている人がラッキーパーソンです。おごってくれたり、お金につながる有益な情報を教えてくれるので覚えておきましょう。

人間関係のサイン

奇想天外なつながりが
しばらくは臨戦態勢で

　秘密がバレてしまう予感。思わぬところから情報が漏れています。言い訳や逆切れは火に油。真摯に説明すれば、ことなきを得るでしょう。また、意外な人脈ができる予感も。プライベートで仕事につながる人と出会ったり、仕事中に理想の異性と巡り会ったり。チャンスは意表をついて訪れるので、常に「誰に見られてもいい」格好や言動を心がけてください。

第3章／アーティフィシャル・サイン〜自発的に得る予兆〜

プエラ
Puella

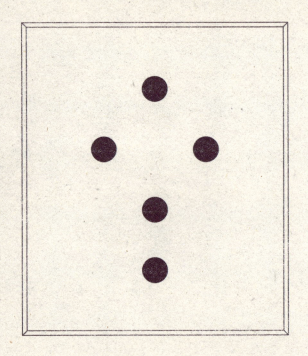

少女のように
純粋な夢を抱く

恋のサイン

素敵な恋の暗示!
新しい自分で勝負

　素直な気持ちで相手を選べる時。相手のスペックや評判を気にせず、青春のような恋が楽しめるでしょう。社会に出る前に出会った人と、いい縁がある予感。同窓会や思わぬ再会は大事にして。また、美容意識が高まってくるはず。思い切ってイメチェンすると、モテ度はグンとアップ。配偶者がいる場合は、子宝に恵まれるサインでもあります。

仕事のサイン

現実的なことより
夢や理想を語る時

　予算やボーナス、労働時間など"目に見える数字"を重視しがち。でも今は、将来性やモチベーションなど"目に見えない"ことと向き合うほうが、幸運の流れに乗れます。すぐに成果が出なくても、ロマンのあるアイデアを大事にして。また、周囲の評価が結果に影響を与えそう。帰り際の挨拶に、「明日も頑張ろう!」などとひと声プラスすると◎。

お金のサイン

今できる自己投資は
未来の自分への仕送り

　目先の利益にとらわれると、結果的に損をします。今、将来を見据えた"種蒔き"をしておくと、大きなお金を育てられます。過剰な節制に努めるより、成長のためのお金をどんどん使いましょう。すぐに、資格講座やセミナーに申し込みを。また、やりたいことを追いかけて、転職や独立を決意するのにもいい時。理想の「10年後の自分」を設定してみましょう。

人間関係のサイン

波風が立ちにくい
相手の長所に気づいて

　しばらく穏やかな雰囲気が続く予感。ギクシャクしていた関係は、収束に向かうでしょう。無理に反抗せず、流れに身を任せるのが円満のコツです。また、人のいいところに目がいきやすくなりそう。「うるさい→元気」「自己中→意見を言える芯の強さ」といった、マイナス要素をポジティブに変換するクセをつけると吉。存在感がグッと増します。

コンジャクショ
Conjuncito

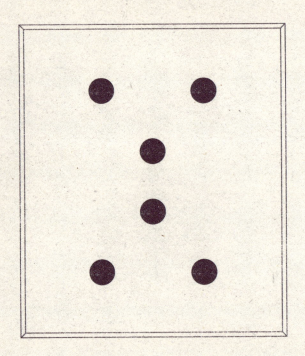

第3章／アーティフィシャル・サイン〜自発的に得る予兆〜

異なるものが混ざれば
化学変化が起きる

恋のサイン

ありのままの姿が
好印象を与える

　出会いの可能性がグンと高まります。職場でもプライベートでも、臨戦態勢を整えて。意中の人がいるなら、事態好転の兆し。友達から恋人に昇格したり、曖昧だった相手が結婚を考え始めたり。うまくいかない時は、まだ見せていない自分の一面を出してみて。「小奇麗にしているけど実はズボラ」など、意外な部分が相手に魅力的に映りやすいのです。

仕事のサイン

幸運のカギは
何でも試してみること

　今まで接点のなかったものが交わると、幸運のパワーが生まれます。就職や転職、部署異動や新規取引……。新しい環境はすべて吉。思い切って決断してみては？仕事はマンネリ化する傾向が。いつもと違うアプローチを試みるといい結果に。休み方にも改革を。昼寝や快眠アプリといったトレンドを取り入れて効率化を図ると、グンと成果が伸びます。

お金のサイン

従来の自分を覆す判断が
成功への近道となる

　視点を切り替えてみると、金運引き寄せのヒントが。「収入を増やすのではなく、支出を減らす」「住むのではなく、売るためにマンション購入を考える」など、今までの自分になかった発想に従うほうがいい結果を招きます。ファイナンシャルプランナーに相談するなど、専門家の力を借りると吉。大金を得るきっかけを掴める、チャンスの時だと心得て。

人間関係のサイン

違いを受け入れれば
周囲の目が変わる

　文化の違いや、ジェネレーションギャップからいい刺激をもらえそう。悩み事は歳の離れた上司に相談すると、的確なアドバイスが。また、外国人や異性の友達を作ってみて。今は先入観なくつき合える予感。多様な価値観をグングン吸収すれば、周囲の評価は一変します。プライベートのお誘いが増えたり、大きな仕事を任せられることにつながるはず。

第3章／アーティフィシャル・サイン〜自発的に得る予兆〜

フォルチュナ メジャー
Fortuna major

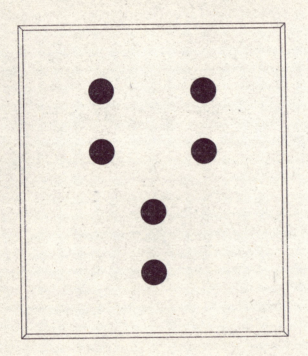

信じられないような
大幸運

第3章／アーティフィシャル・サイン〜自発的に得る予兆〜

恋のサイン

最高の恋愛運！
背伸びをしてみて

　何をやってもうまくいく、大幸運の流れに乗っています。積極的に出会いの場に参加したり、意中の人にアピールして。連絡先を聞かれたり告白されやすいので、"待ち"の姿勢もOK。ハイスペックな相手など、高望みしてもチャンス大。「動かないのは損！」と言えるほどの、ボーナスステージだと心得て。今成就した恋には、大きな幸福が訪れるでしょう。

仕事のサイン

空前のチャンス到来
出世や昇進に期待

　目に見えて成果が出やすい時。意見やアイデアはどんどんアピールして。発信するほど、評価も高まっていきます。過去の企画や発言が、今になって注目されることも。また、その気がなくても転職サイトに登録しておくこと。憧れの場所から、好待遇でスカウトされる可能性があります。ワンランク上のステージで活躍したいなら、独立もあり。

お金のサイン

思わぬ収入がありそう
ただし慢心は禁物

　仕事もプライベートも絶好調の運気に引っ張られ、金運も急上昇。株券が大化けしたり宝くじが当たったり、派手な臨時収入にも期待。いつも通りに過ごすだけで、給与など堅実な収入もアップしやすいでしょう。ただし、一時の幸運で露骨に態度を変えないこと。金遣いが荒くなるのはNG。楽観的になりすぎると、失敗を招くという警告でもあります。

人間関係のサイン

人脈が広がり
強力なパイプができる

　有益な関係が広がりやすい予感。職場や取引先のつき合いには、積極的に参加して。業界の大物など普段ではありえないような交流が生まれそう。今出会った人たちは、新規取引や独立の手助けなど、あなたに大きな利益をもたらすので大事にして。また、既存の交友関係も発展する運気。臆せず甘えるほうが好印象。ピンチの時に助けてもらえそうです。

第３章／アーティフィシャル・サイン〜自発的に得る予兆〜

ラティティア
Laetitia

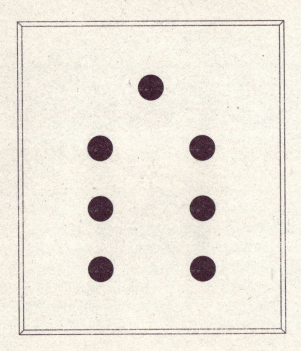

目の前に迫った
歓喜の瞬間

第3章／アーティフィシャル・サイン〜自発的に得る予兆〜

恋のサイン

成就まで後1歩
互いに気分が高まる

近々、恋人ができるサイン。相手が素っ気なくても、それは照れの裏返しです。「脈なし」と弱気にならず、アプローチを続けて。重い言葉より、ラフな会話が効果的。すでに相手がいる場合は、同棲や結婚など、次のステップを示唆しています。デートはスポーツ観戦や体験型のレジャーがおすすめ。共に喜びを分かち合えると、グッと距離が縮まるでしょう。

仕事のサイン

堅実に進める
新しいチャレンジも

進捗の遅れなど、不安要素が解消される兆しです。まずは、目の前の目標をクリアできそう。「今週までにこの仕事を終わらせた！」といった、"プチ達成"が周囲の評価やモチベーションを高めます。また、おもしろい案件を任せられる予感。あれこれ計算して辞退すると後悔します。時間がかかっても苦にならないような"やりがい"がつまっているはず。

お金のサイン

いいことばかりで
笑いが止まらない

思わぬガッツポーズが出る予感。ボーナスアップや狙っていた商品を特別タイムセールで手に入れるような、うれしい誤算がありそう。また、目標にしていた貯金額を達成できたり、奨学金やローンの返済にも目途が立つ兆し。心に余裕ができる分、身近な人に感謝の気持ちを込めて何かプレゼントしてみて。誰かが喜ぶ顔が、さらに金運を引き寄せます。

人間関係のサイン

公私共に円満
明るい雰囲気作りを

周囲の物腰が柔らかくなります。同僚との何気ない会話や、家族や友達と過ごすありふれた休日がパワーチャージになりそう。目上の人にも、いつもよりラフに接してOK。積極的なコンタクトが、意外な本音を引き出すかも。苦手な相手には、"ユーモア"をプラスワンすると最高のムードに。心が読めなかった人の笑顔を見られるチャンスです。

第3章／アーティフィシャル・サイン〜自発的に得る予兆〜

トリスティティア
Tristitia

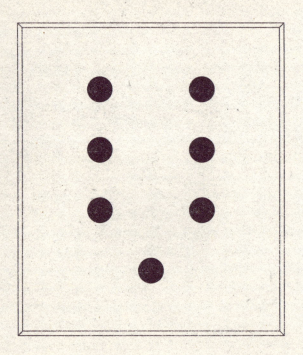

悲しみの向こう側に
見えてくる強さ

恋のサイン

精神的ダメージ
開き直る強さを

　孤独を招くサインです。フラれたり裏切られる可能性が高いでしょう。デートの誘いや告白は延期して。また、過去の恋人を思い出す出来事がありそう。とはいえ、関係が戻ることはないので、感傷に浸らないこと。パートナーの浮気や不倫が発覚する場合も。今は無理に探らないほうが吉。運気の流れが変わるのを待てば、疑惑で終わります。

仕事のサイン

立ちはだかる試練
傷口を広げないこと

　大きなミスや、相性が悪い上司の登場など、困難に見舞われるかも。海でもがけば沈むように、焦って動くほど裏目に。今は挽回するより、ダメージを最小限に抑えることを考えて。ウソや言い訳は、取り返しのつかない事態を招くのでNG。「どうしてこんな目に」と落ち込むかもしれませんが、これは一時の運気。逆境に強くなるためのミッションなのです。

お金のサイン

「面倒くさい」が
大きな代償に

　全体的に金運は信用できません。高額の出費に後悔してしまう予感。「引っ越すはずが、マンションの契約更新月を勘違いしていた」「セール期間を逃して、チケット代が跳ね上がった」など、"うっかり"が命取りに。すぐにスケジュールを確認しましょう。手帳の中に、まだ防げる出費が眠っているはず。また、土地・不動産関係でいい物件を選べる予感も。

人間関係のサイン

互いに疑心暗鬼
誤解を生みやすい

　不協和音になってしまいそう。慰めたつもりが嫌味に、ほめたつもりが馬鹿にしていると取られるような運気。結果、孤立して居づらさを感じてしまいます。職場の悩みは家族に、家族間のトラブルは友人に相談するなど、別のコミュニティに属する人にSOSを出すと解決しやすいでしょう。また、環境を変えると流れが変わることが。特に引っ越しは吉。

カルサー
Carcer

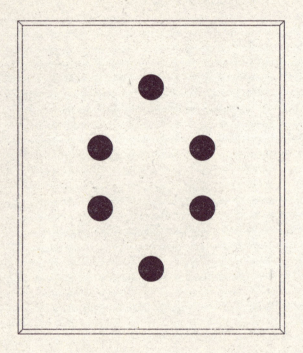

牢獄の中で葛藤する

恋のサイン

恋の虜になる
依存するのはNG

　身動きが取れないほど、人を好きになる暗示。その人しか目に入らないような恋の訪れです。ただし、会いたい時に限って忙しくなったり、1人でゆっくりしたい時に誘われたり、波長が合わない予感。しかし、仕事を休むような強行突破は逆効果。忙しくてもこまめにメールをするなど、恋と仕事を必死に両立させる姿が、好印象を与えます。

仕事のサイン

ジレンマに陥る暗示
深刻になる必要はなし

　歯車が噛み合わず、もどかしい思いをするでしょう。Aがスムーズに進んでも、Bに時間がかかり、逆にBに注力するとAが滞るようなイメージ。とはいえ、大きくとがめられることはなさそう。無理に動くと、AもBも共倒れになる可能性が。1つずつクリアしましょう。また、転職や独立は危険な雰囲気。現状維持がもっとも利のある選択です。

お金のサイン

一瞬の気の迷いに注意
本当に必要なもの？

　プライドが高くなりがち。他人と収入や貯金を比べて落ち込むことも。見栄を張ってハイブランドのアイテムに手を出すかも。しかし、それは一時のテンション。3日我慢すれば考えが変わるはず。他人と比較しないコツは、仕事や趣味、何か1つのことに没頭して技を磨くこと。"武器"を身につければ自信が生まれ、周囲の雑音が気にならなくなります。

人間関係のサイン

"聞き役"に徹すれば
一目置かれる存在に

　上司と部下、家族と恋人……あらゆる場面で板挟みの予感。双方の話を真摯に聞いてあげましょう。あなたが楔となれば、円満な雰囲気に。ただし、強引に答えを見つける必要はありません。合理的な判断より、感情に寄り添う姿勢が効きます。また、人脈を広げるより既存の関係を強化するほうが吉。鎖のように固い絆でつながるきっかけがありそう。

第3章／アーティフィシャル・サイン〜自発的に得る予兆〜

アクウィッシュ
Acquisitio

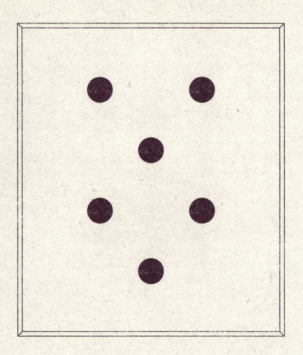

賢い商人のように
利益を増やす

恋のサイン

"肉食"な姿勢が◎
セレブとの縁にも期待！

　生涯を共にするようなパートナーを得るチャンス。恋が実ったり、プロポーズされやすい時です。ただし、受け身よりも攻めの姿勢が重要。あなたは今、恋の狩人。好きな人に貪欲にアプローチしたり、煮え切らない相手ならプレッシャーをかけたり、どんどん矢を放って追いつめて。今成就したカップルは、お金にも恵まれやすいでしょう。

仕事のサイン

覚醒の予感
トップを目指せる

　次々と成果を挙げる予兆。今は多少のオーバーワークに目をつむっても、仕事に打ち込むべき。知識や経験が身体の奥まで染み渡る、社会人としての成長期と心得て。会議では一番最初に手を挙げ、勉強会では一番前に座りましょう。学んだことをすぐに現場で活かせるほど、フットワークも軽くなる予感。表彰など、派手な結果もついてきそうです。

お金のサイン

たくさん稼いで
たくさん使う

　仕事で評価されやすいため、臨時収入に期待。好成績で金一封をもらったり、ボーナスが跳ね上がったりする予感。ハイレベルな人脈を築くために高級時計や財布を買ったり、セミナーに参加するなど、"自己投資"でさらに運気アップ。また、多忙で使う時間がない場合、ただ預けるのではなく、投資などの運用に回して。いいリターンに期待できそうです。

人間関係のサイン

深く関わらなくてOK
ひたすら顔を広めること

　有益な人脈がどんどん広がる予兆。業界のパーティーや勉強会には極力参加すること。"お手本"となるような存在と巡り会います。名刺交換の数だけ知識とお金が増えると心得て。また、ファイナンシャルプランナーなど「お金の専門家」と知り合っておくと◎。旅先で素敵な出会いがあることも。家にいる時間を減らすことが、成功への近道です。

第3章／アーティフィシャル・サイン〜自発的に得る予兆〜

ヴィア
Via

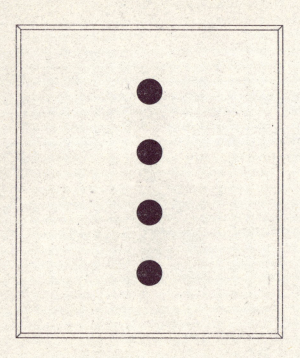

新たな道が
開かれる予感

第3章／アーティフィシャル・サイン〜自発的に得る予兆〜

恋のサイン

"新しい自分"で
恋の再スタートを切れる

　関係に変化が訪れる予兆。友人と思っていた相手を意識するようになったり、将来を考えていた人に不安を覚え始めたり、分岐点が訪れます。幸運の道を選ぶコツは、"らしくない"自分を見せること。普段クールなら甘えてみて。ギャップが、関係をいい方向にリニューアルさせるでしょう。また、異性の好みが変わることも。新鮮な恋を楽しめそうです。

仕事のサイン

長い目で見て
進路変更を

　いったん振り返って、今のルートが正しいか再確認を。このままではゴールにたどり着けないかも。従来の"あるべきやり方"に縛られないでOK。システムや働き方を見直しましょう。フリーアドレスやフレックスタイム制で効率化を図れる予感。また、今の職場に固執する必要もありません。独立や、休職して旅に出てみれば、目的地が見つかるはず。

お金のサイン

生涯賃金を上げる好機
視野を広く持つこと

　1つの収入源にこだわらなくてOK。ネット通販や投資など、副業を検討してみては？　未知の才能が開花する可能性が。また、ライフプランについて考えるタイミングです。結婚しても働くのかセーブするのか、転職するのか今の職場でキャリアを終えるのか。"何となく"進めばいつか行き止まりに。ルートが決まれば、自ずとお金の在り処も見えてきます。

人間関係のサイン

変化が必要な時
人間関係を整理して

　心地よいと感じていた関係が、互いにつまらなくなるかも。マンネリ打破のために「一緒に行ったことのない場所」へ出かけてみましょう。家族旅行や社内イベントを企画すると、運気は上向きに。互いに、今まで気づかなかった長所が見えてきます。また、苦手な人との縁を切るのにもいい時期。後腐れなく解消できるので、アクションを起こすなら今のうちに！

第3章／アーティフィシャル・サイン～自発的に得る予兆～

フォルチュナ マイナー
Fortuna minor

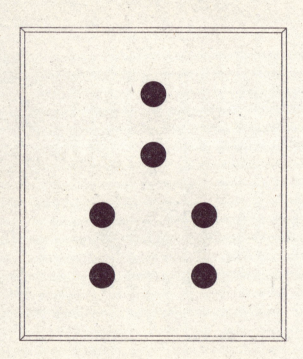

第3章／アーティフィシャル・サイン〜自発的に得る予兆〜

穏やかな幸福に
包まれる

恋のサイン

小幸運の連続！
恋の期待が膨らむ

"プチ"ハッピーが頻発するでしょう。「好き」とまでは言われないが「かわいい」と言われる、指輪ではないがプレゼントをもらえる。そんな、ちょっとうれしいことが多くなります。出会いを求めるなら、SNSやマッチングアプリで、自分から「いいね！」を送ってみて。好リアクションに期待できます。拒否されない運気だと心に留めて。

仕事のサイン

理想のキャリアの
スタートラインに立てる

成長をほめてもらえる予感。スピードアップしたりクオリティが上がっている自分に気づき、前向きになれそう。小さな自信を手土産に、次のステップに進みましょう。資料に自分なりの分析を入れてみたり、ノルマに何か「プラスワン」できると◎。やる気を「形」にすれば、しっかりと評価されます。それが、キャリアアップの一段目となるはず。

お金のサイン

金運の波に乗れる
お得な情報もゲット！

大きな得もないけれど、マイナスもない。そんな安定した運気です。給与形態の変わる転職や投資など、迷っていることがあれば思い切って決断してOK。また、お得な保険や賢いローンの組み方など、職場で有益な情報を無償で手に入れやすい時。何気ない会話の中にヒントがあるので、ランチや飲み会には積極的に参加して。評価も上がり一石二鳥です。

人間関係のサイン

ほっこりする出来事が
素直な気持ちを伝えて

ささやかな幸せに浸れる予感。家族や友人に結婚や出産などおめでたい話があったり、職場で一致団結するきっかけがあったり。大きな事件はありませんが、ハートフルなエピソードが生まれそう。さらに幸運を掴むカギは「感謝の言葉」。お世話になっている先輩や両親に、手紙を書いてみると効果的。絆がグッと深まり、モチベーションが上がるでしょう。

第3章／アーティフィシャル・サイン ～自発的に得る予兆～

カプト・ドラコニス
Caput Draconis

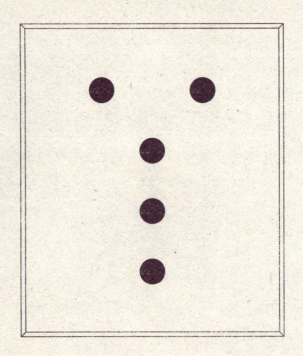

「入り口」へと誘う
竜の頭

恋のサイン

初々しさに運が味方
ネット上に吉が

　新しい試みに幸運があります。結婚相談所やお見合いサイトに新規登録してみるといい出会いが。交際期間が短いカップルは、どんどん愛情が深まっていく暗示。しかし、つき合いの長い夫婦やゴールイン目前の2人には、暗雲が立ち込める予感。相手の裏切りや、将来についての意見の相違があるかも。ネットで匿名の相談をすると、いいヒントを得られそうです。

仕事のサイン

ベテランほど停滞の運気
フットワークを軽くして

　同じ仕事・やり方を続けているなら、スランプに陥る暗示。視野が狭くなって身動きが取れなくなるかも。いったん手を止めて、別の仕事に集中してみると効率が上がります。また、転職や独立は吉。未経験の業界・職種にチャレンジすると、大きく花開く予感。どんな手段でもいいので、自分に新しい風を吹かせること。一気にステップアップできるでしょう。

お金のサイン

チャレンジ精神と
新品のアイテムがお守り

　真新しいものにツキがあります。仮想通貨やネットバンクなど、新時代の資産運用とマッチする運気。「始まり」に最高の運が巡ってくるので、ビギナーズラックに期待できそう。また、古いアイテムや汚い物は、お金につながるチャンスを潰しやすいので気をつけて。財布を新調したり、新しいクレジットカードを作ると金運がグンと上昇するでしょう。

人間関係のサイン

フレッシュな関係を
優先すべき時

　最近知り合った人との関係は良好。互いに認め合い、高め合える存在になりそう。一方、長いつき合いの人や毎日顔を合わせる人の欠点が目につくかも。不満やグチばかりでうんざりするなら、一度距離を置いてみては？　いったん離れれば、嫌でも互いのよさに気づけるはず。また、食事会などで新旧の知人を交えるのは避けて。今は衝突する運気です。

第3章／アーティフィシャル・サイン〜自発的に得る予兆〜

カウダ・ドラコニス
Cauda Draconis

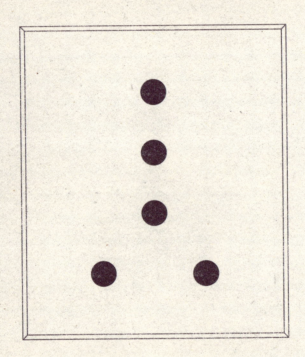

「出口」へと導く
竜の尾

恋のサイン

周りを見渡せば
真のパートナーに気づく

　元恋人や、因縁がある異性との奇妙な再会が。それでも、昔の関係に惑わされないこと。ずっとそばにいてくれた人こそ、あなたの真のパートナー。街コンや紹介で新しい恋人を探しても不作かも。既存の関係の中に、運命の人が待っています。交際中ならば、そろそろ結論を出して、相手だけを見つめましょう。目移りすると、大きな後悔が残る結果に。

仕事のサイン

プレッシャーからの解放
年上の人が支えに

　ゴールは目の前です！　つらかった仕事や力を込めたプロジェクトがあるなら、無事に形になりそう。それは大ヒットやボーナスアップといった、目に見える成果を引き寄せるでしょう。新規案件に取り組むより、継続中のことに力を入れるほうが吉。始まったばかりの仕事は、前途多難の暗示。トラブルが起きたら、年長者にSOSを出すと前進します。

お金のサイン

不確実なことは避けたい
無駄な出費に注意！

　金運は低調気味。起業や副業など、挑戦したことのない分野には手を出さないこと。大きな損をする可能性大。興味があっても、勉強や下準備に徹しましょう。今は堅実な貯金・節約の時期と心得て。お金回りの習慣を見直すと吉。ATMの手数料やネットでの不要な買い物……。無駄な出費が多いことに気づけば、懐事情は大きく変わるはず。

人間関係のサイン

新参者にアレルギー
旧友の力を借りて

　職場の新人や友人の紹介で知り合った人とは、ウマが合わない予感。いきなりマンツーマンで接するのではなく、グループで交流すると、しだいに打ち解けるでしょう。また、学生時代の友人や元同僚に久しぶりに連絡してみると、思いがけない情報をゲットできるかも。家族や恋人との間にあったわだかまりが消えるきっかけをもらえそうです。

Column 3
ジオマンシー占い以外でも神託を得る！
簡単なアーティフィシャル・サインの受け取り方

もちろん、アーティフィシャル・サインを受け取る方法は他にもあります。星座占いやタロットカードはその代表例。ここでは、特に「簡単に」答えを得られる2つの占いを紹介します。出先や時間がない時に迷ったら、ぜひ試してみて。

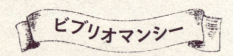

ビブリオマンシー

本を開けば未来が見える？

直訳すると「書物占い」。もっとも手軽な占いと言えるかもしれません。本を開くだけで、"偶然の"答えを得ることができます。「この恋の行方は」「何の仕事に向いているか」など、様々な悩みにヒントを与えるでしょう。

【やり方】

 本を選ぶ
ヨーロッパでは「聖書」が使われていたようですが、基本的にはどんな本でもOK。家にある本でも、書店で手に取った雑誌でもいいでしょう。

 占いたいことを決める
どんな悩みでも大丈夫です。例えば、「転職するか迷っている」など。具体的な悩みのほうが、よりリアルなアドバイスを受けられます。

 無心で本を開く
頭を空にして本を開きます。そのページを読んでみてください。例えば2の問いに対して「新生活特集」「変化の描写」が目に入ったら、決断するといい結果になるという暗示。

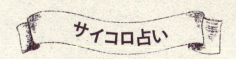

サイコロ占い

2回振れば答えがわかる

サイコロの動きは神の意思。神秘的なメッセージをダイレクトに受け取れる占いです。やり方はいたって簡単。占いたいことを決め、サイコロを2回振って、その数を足すだけ。合計数に該当する占い結果を参考にして。

合計数が 2
最高の結末を迎える暗示。本当に進みたい道を、迷わず進んで。周囲の声は気にしないこと。すべてが味方になるはず。

合計数が 3
変化の大きいほうが吉。新しさや意外性が幸運をもたらしそう。先入観にとらわれるのはNG。柔軟な対応が成功を引き寄せる。

合計数が 4
想定通りには進まない様子。とんでもないトラブルに巻き込まれるかも。慎重な姿勢が◎。今は無難なほうを選んで。

合計数が 5
争いが起きやすい運気。勝利を掴めるが、その分代償もありそう。「欲しいもの」と「失いたくないもの」のシーソーゲーム。

合計数が 6
どこに向かっても「愛」が待っているので安心して。新たな恋の予感。同僚や友人との関係発展や家族との絆が深まることも。

合計数が 7
理性より、本能に従った結果にツキが。比較や妥協はかえって混乱を招くことに。異様に"勘"が冴える暗示でもある。

合計数が 8
堅実さが幸運の必須条件となる。今は冒険しないほうがよさそう。年配の人の意見や過去の事例にヒントがある予感。

合計数が 9
1人で抱え込まないこと。遠慮せずに頼れば、必ず助けてもらえる。他人の意見に耳を傾ける寛容さがないと、苦労する。

合計数が 10
思いがけない大チャンスが巡ってくる。この機を逃すと後悔することに。腹を決めれば、あらゆることがうまくいくはず。

合計数が 11
状況は吉凶様々だが、あなた自身は実力以上の力を出せそう。未知の才能が開花する場合も。果敢に動けば、1人勝ちする。

合計数が 12
手のつけようがない。下手に動けば事態は深刻化。開き直って新たな道を模索するか、プライドを捨てて助けを呼ぶこと。

第3章／アーティフィシャル・サイン〜自発的に得る予兆〜

あとがき

予兆(サイン)を読み解き
未来へのヒントを掴んだあなたへ

いかがだったでしょう。
　あなたの身の回りには、たくさんのサインが満ちていることを感じていただけたのではないかと思います。

　夢があなたの心の深いところからのメッセージであることは、精神分析や深層心理学の前提になっていますが、それと同じように、この世界そのものも、あなたの心を映し出しているのだと、古代から人々は感じていたのです。
　かのシェイクスピアは、こんな言葉を残しています。
「夢と現実は同じ糸で織り上げられた織物なのだ」と。
　そう、ちょっと意識をスライドさせてみれば、物言わぬ事物もまた、あなたにいろいろなことを語りかけてくれているように感じられるはずです。

　でも、ここでちょっとご用心。
　それは世界の1つの見方にすぎません。あまりその魔法のメガネばかりをかけ続けると、今度は世界がおしゃべりになりすぎ、サインのノイズで埋めつくされてしまいます。
「迷信」を意味する「スーパーステイション」は元来、神々への深い信仰を意味する、よい言葉だったそうです。けれど、だんだん時代

が下るにしたがって、強すぎる信仰心、そして何でも信じてしまう愚かな態度を意味するようになっていったのだとか。

　この世界からのメッセージを受け取った後は、そのサインを読み解く心のメガネを外して、ちゃんと理性と合理のメガネにつけ替えましょう。そして冷静な態度で、今あなたが取り組むべき問題と向き合うのです。

　理性とロマン、この2つの視野を2つとも持つことで、あなたはきっと、人生を2倍楽しみ、豊かに生きることができるはずです。

　さて、最後にお礼の言葉を。
　本書はぴあの大木淳夫さん、内田恵三さんからのご提案で生まれました。前著『魔法の教科書』に引き続き大変お世話になりました。
　また実質的な制作、執筆協力などは、説話社の山田奈緒子さん、永瀬翔太郎さん、ライターの宮崎彩子さんに全面的にお力を貸していただきました。本当にありがとうございます。

　そして何よりも本書を何らかのサインの導きで手にしてくださったあなたにも、心からの感謝を。

ジャンル別INDEX

時
- 月曜日 …… 066
- 火曜日 …… 056
- 水曜日 …… 078
- 木曜日 …… 119
- 金曜日 …… 062
- 土曜日 …… 092
- 日曜日 …… 095
- 朝 …… 039
- 季節・四季 …… 059
- クリスマス …… 064
- 正月・元旦 …… 076
- 誕生日 …… 085
- 予定 …… 123

場所
- 家 …… 042
- 遺跡・城跡 …… 042
- 映画館 …… 047
- 駅 …… 047
- エスカレーター …… 047
- エレベーター …… 048
- 外国・海外 …… 052
- 階段 …… 053
- 学校・校舎 …… 055
- 壁・障害 …… 056
- カラオケ …… 057
- キッチン・台所 …… 059
- 教会・チャペル …… 060
- 銀行・ATM …… 061
- 空港・飛行場 …… 062
- 劇場・舞台 …… 065
- 玄関・エントランス …… 066
- 建築中の建物・工事中の建物 …… 066
- 公園 …… 067
- 坂 …… 070
- 砂漠 …… 071
- 三叉路 …… 072
- 島 …… 075
- 十字路 …… 076
- 信号 …… 077
- 神社・お寺 …… 078
- ダム …… 085
- 地下室 …… 085
- デパート・百貨店 …… 089
- ドア・扉 …… 091
- 塔・タワー …… 091
- トイレ …… 091
- 図書館 …… 091
- トンネル …… 093
- 墓 …… 100
- 博物館・美術館 …… 101
- 橋 …… 101
- パワースポット …… 104
- 病院 …… 107
- 踏み切り …… 109
- 風呂・温泉 …… 110
- ベッド・布団 …… 111
- 部屋 …… 111
- ホテル・旅館 …… 113
- 窓 …… 115
- 店・ショップ …… 116
- 道・道路 …… 116
- 未知の場所 …… 117
- 迷路 …… 118
- 門・ゲート …… 119
- 遊園地・テーマパーク …… 121

人物
- 愛人・不倫 …… 038
- アイドル・芸能人 …… 038
- 赤ちゃん …… 038
- 兄 …… 040
- 姉 …… 040
- 医者 …… 042
- 妹 …… 044
- ウエイター・店員 …… 044
- 英雄・ヒーロー …… 047
- 王・王子・王女 …… 048
- 弟 …… 050
- 同じ人・同一人物 …… 050
- お坊さん・坊主・僧侶 …… 051
- 外国人 …… 052
- 看護婦・ナース …… 057
- 官僚 …… 058
- 警察官・お巡りさん …… 065
- 恋人・彼氏・彼女 …… 067
- コーチ・指導者 …… 068
- 後輩・部下 …… 068
- 子供 …… 069
- サンタクロース …… 072
- 死者・故人 …… 074
- 自分 …… 075
- 社長・トップ …… 076
- 上司・先輩 …… 076
- 商人・セールスマン …… 077
- スポーツ選手・アスリート …… 079
- 先生・教師 …… 081
- 祖父母 …… 082
- 父 …… 086
- 聴衆・観客 …… 087
- 超能力者・エスパー …… 087
- 通りすがりの人 …… 091
- 隣の席 …… 092
- 名前・苗字 …… 094
- 妊婦 …… 096
- 配偶者・夫・妻 …… 100
- パイロット …… 100
- 母 …… 104
- 双子 …… 109
- ペア …… 110
- 兵隊・軍隊 …… 111
- 見知らぬ異性 …… 116
- 見知らぬ同性 …… 116
- ミュージシャン・歌手 …… 117
- 元カレ・元カノ …… 119
- 友人・友達 …… 121
- 郵便配達員 …… 121
- 両親 …… 124
- 老人・お年寄り …… 125

生き物
- 犬 …… 043
- イルカ …… 044
- ウサギ …… 045
- 牛 …… 045
- 馬 …… 046
- 狼 …… 049
- カエル …… 053
- カッコウ …… 055
- 亀 …… 056
- カラス …… 057
- キツネ …… 059
- 恐竜 …… 060
- クジラ …… 062
- 熊 …… 063
- クモ …… 063
- コウノトリ …… 067
- コウモリ …… 068
- 小鳥 …… 069
- 魚 …… 071
- サメ …… 072
- 猿 …… 072
- 鹿 …… 073
- シラサギ …… 077
- ゾウ …… 081
- タヌキ …… 084
- 蝶 …… 086
- ツバメ …… 088
- テントウムシ …… 090
- 鳥 …… 092
- 猫 …… 097
- ネズミ …… 097
- 白鳥 …… 100
- 蜂 …… 102
- 鳩 …… 103
- 羊 …… 107
- フクロウ …… 108
- 豚 …… 109
- 蛇 …… 111
- 虫 …… 118
- ライオン・トラ …… 123
- リス …… 124
- ワニ …… 126

出来事・イベント
- イベント …… 043
- 運動会・スポーツ大会 …… 047
- 演奏会・オーケストラ …… 048
- カラオケ …… 057
- 儀式・セレモニー …… 058
- クリスマス …… 064
- 結婚式 …… 066
- コンクール・大会 …… 070
- コンサート・ライブ …… 070
- 死・逝去 …… 073
- 正月・元旦 …… 076
- 戦争 …… 081
- 葬式 …… 081
- 卒業式 …… 082
- 朝礼 …… 087
- テスト・試験 …… 089
- 入学式・入社式 …… 095
- バーゲン・セール …… 099
- パーティー・宴会 …… 099
- バーベキュー …… 099
- 花火 …… 103

ピクニック ……… 106
祭り・祭典 ……… 115

【行動】

握手する ……… 039
足を組む ……… 039
遊ぶ ……… 040
謝る・謝罪 ……… 041
洗う・洗浄 ……… 041
歩く・歩行 ……… 041
案内 ……… 042
イメージ・想像 ……… 043
ウソ・偽り ……… 045
歌 ……… 045
産む・出産 ……… 046
埋める・埋葬する ……… 046
占う ……… 046
運転・ドライブ ……… 046
運動・スポーツ ……… 046
送る・送迎 ……… 049
踊る・ダンス ……… 050
溺れる ……… 051
泳ぐ・水泳 ……… 051
買う・ショッピング ……… 053
書く ……… 054
かざす ……… 054
カラオケ ……… 057
考える ……… 057
キス ……… 058
消す・削除 ……… 065
告白・打ち明け話 ……… 068
実験 ……… 074
しゃがむ・かがむ ……… 076
修理・直す ……… 076
手術・治療 ……… 076
背負う ……… 080
セックス ……… 080
掃除・整理 ……… 081
助ける・救出する ……… 083
建てる・建設する ……… 084
食べる・食事 ……… 084
注射 ……… 086
注文・オーダー ……… 086
手紙・メール ……… 089
転校・転職 ……… 089
遠ざかる・離れる ……… 091
飛ぶ ……… 092
流す ……… 093
涙・泣く ……… 094
にらむ ……… 096

脱ぐ ……… 096
ネット・ウェブ ……… 098
寝る・睡眠 ……… 098
登る ……… 098
飲む ……… 098
乗り継ぎ ……… 099
はしゃぐ ……… 101
走る・ダッシュ ……… 101
働く・労働 ……… 102
話す・しゃべる ……… 103
引っ越し ……… 107
秘密・内緒 ……… 107
踏む ……… 110
ふれる・さわる ……… 110
変身 ……… 112
暴走 ……… 112
巻く ……… 114
待つ・待機 ……… 114
見送る ……… 116
無意味 ……… 117
結ぶ・締める ……… 118
目覚める・起きる ……… 118
焼く ……… 120
休む・休憩 ……… 120
破る ……… 120
夢 ……… 122
料理 ……… 124
旅行・旅 ……… 124
別れる ……… 126
笑う・笑顔 ……… 126

【ハプニング】

襲われる・襲撃される ……… 050
落ちる・落下 ……… 050
溺れる ……… 051
追われる ……… 051
火事 ……… 054
気絶する・失神する ……… 059
切る ……… 061
ケンカ・トラブル ……… 066
殺す・殺害 ……… 069
壊す・破壊する ……… 070
刺す ……… 071
叱られる・怒鳴られる ……… 073
事故・アクシデント ……… 073
失敗・ミス ……… 075

縛られる・束縛される ……… 075
逮捕 ……… 082
遅刻 ……… 086
泥棒 ……… 093
殴る・叩く ……… 093
濡れる ……… 097
寝違える ……… 097
吐く・嘔吐 ……… 100
爆弾 ……… 100
引き返す ……… 106
ピストル・銃 ……… 106
迷う ……… 115
水をこぼす ……… 116
罠 ……… 126

【感情】

諦める ……… 039
荒れる ……… 041
慌てる・焦る ……… 041
哀れむ・同情 ……… 041
祈る・願う ……… 043
恨む ……… 046
おいしい・うまい ……… 048
怒る・キレる ……… 049
悲しい ……… 055
嫌い ……… 061
怖い・恐ろしい ……… 069
嫉妬・妬み ……… 075
切ない ……… 080
楽しい・愉快 ……… 084
ためらう・躊躇 ……… 085
懐かしい・ノスタルジック ……… 094
悩む ……… 094
憎い・ムカつく ……… 094
恥じる・赤面する ……… 101
不安 ……… 108
喜ぶ・うれしい ……… 123

【身体】

足 ……… 039
頭 ……… 040
えくぼ ……… 047
顔・容姿 ……… 053
肩 ……… 055
髪・ヘアスタイル ……… 056
口 ……… 063
首 ……… 063
くるぶし ……… 064

声 ……… 068
腰 ……… 069
舌・べろ ……… 074
尻 ……… 077
心臓 ……… 078
性器 ……… 080
背中・後ろ姿 ……… 080
血・血液 ……… 085
爪 ……… 088
手 ……… 088
乳房・胸 ……… 095
喉 ……… 098
歯 ……… 099
肌・皮膚 ……… 102
裸・ヌード ……… 102
鼻 ……… 103
腹・お腹 ……… 104
ひげ ……… 106
膝 ……… 106
太もも ……… 109
へそ ……… 111
ほくろ ……… 113
骨 ……… 113
まつ毛 ……… 114
眉毛 ……… 115
耳 ……… 117
目 ……… 118
指 ……… 122

【体調・体型】

汗 ……… 039
息・呼吸 ……… 042
風邪・発熱 ……… 054
傷・ケガ ……… 058
くしゃみ ……… 062
寒気・悪寒 ……… 071
咳 ……… 080
ニキビ ……… 094
ハゲる・薄毛 ……… 101
太る ……… 109
便秘 ……… 112
ものもらい ……… 119
ヤセる・ダイエット ……… 120

【食べ物】

アーモンド ……… 038
アイスクリーム ……… 038
アスパラガス ……… 039
アボカド ……… 040
イチゴ ……… 043

お菓子・おやつ ……049	ワイン ……125	写真・アルバム ……076	マフラー・ストール …115
オリーブオイル ……051		新札・ピン札 ……077	メガネ ……118
オレンジ・みかん …051	**乗り物**	石鹸・ハンドソープ	指輪・リング ……122
貝 ……052	気球・バルーン ……058	……080	鎧 ……123
かぼちゃ ……056	救急車 ……060	太鼓 ……082	
キノコ ……059	ジェットコースター …073	ダイヤ ……082	**インテリア・家電**
キャベツ・レタス …060	自転車 ……075	タオル ……083	椅子 ……042
きゅうり ……060	自動車・車 ……075	凧 ……083	エアコン・クーラー …047
嫌いな食べ物・	消防車 ……077	タバコ ……084	カーテン ……052
苦手な食べ物 ……061	タクシー ……083	地図・マップ ……086	鏡 ……053
果物・フルーツ ……063	地下鉄 ……086	定期券 ……089	観葉植物 ……057
くるみ ……064	電車・列車 ……090	手鏡 ……089	携帯電話・
ゴマ ……069	バイク・オートバイ …100	トランプ ……092	スマートフォン ……065
米・ご飯 ……069	バス ……102	トロフィー・賞状 …093	スピーカー・イヤホン
魚 ……071	パトカー ……103	人形・ぬいぐるみ …096	……079
サラダ ……072	パラシュート ……104	ピン・画鋲 ……107	掃除機 ……081
塩 ……073	飛行機 ……106	風船 ……108	机・デスク ……088
ジャガイモ ……075	船 ……109	プレゼント ……110	テレビ ……089
スープ・汁物 ……078	メリーゴーランド …119	ペア ……110	時計 ……091
せんべい ……081	ヨット ……122	ほうき ……112	ネット・ウェブ ……098
ソーセージ ……082	霊柩車 ……124	ボードゲーム ……113	パソコン ……102
卵 ……084	ロケット ……125	レシート ……125	本棚 ……114
玉ねぎ ……085		ロウソク・キャンドル	ライト・電気 ……123
チーズ ……085	**アイテム**	……125	リモコン・スイッチ …124
チョコレート ……087	操り人形 ……040		
トマト ……092	糸・ひも ……043	**服・小物**	**食器**
肉料理・ビーフ・チキン	イラスト・落書き …044	ウエディングドレス …044	カップ・コップ・グラス
……094	お金 ……049	エプロン・前掛け …048	……055
ニラ ……095	お香・アロマ ……049	靴 ……063	皿 ……072
ニンジン ……096	落とし物 ……050	靴ひも ……063	スプーン ……079
ニンニク・ネギ ……096	絵画・美術品 ……052	コート・上着・ジャケット	ナイフ・包丁 ……093
パスタ・麺 ……102	貝殻 ……052	……068	
バター ……102	カギ・キー ……053	下着・インナー ……074	**読み物・文房具**
はちみつ ……103	傘 ……054	スカート ……079	教科書・マニュアル
パン ……104	楽器 ……055	ストッキング・タイツ …079	……064
ピーナッツ・落花生	仮面・仮装・コスプレ	制服・ユニフォーム	消しゴム ……065
……105	……056	……080	雑誌 ……071
ファストフード・	ガラス ……057	手袋 ……089	辞書 ……074
ジャンクフード …108	カレンダー ……057	ネクタイ ……097	書類・資料 ……077
弁当 ……112	ギザ十 ……058	ネックレス・ペンダント	新聞 ……078
豆 ……115	汚い物・汚れ ……059	……098	日記・手帳 ……095
リンゴ ……124	切符・チケット ……059	パジャマ・ルームウェア	ノート ……098
レモン ……125	くし・ヘアブラシ …062	……101	はさみ ……101
	薬・医薬品 ……062	ハンカチ ……104	ペン・ボールペン …111
飲み物	化粧品・メイク道具	ハンドバッグ ……105	本 ……114
牛乳・ミルク ……060	……065	ピアス・イヤリング …105	
紅茶 ……067	剣・刀 ……066	ヘアピン ……111	**色**
コーヒー ……068	香水・フレグランス …067	帽子 ……112	青・ブルー ……038
酒・アルコール ……071	ゴミ・不用品 ……069	宝石 ……112	赤・レッド ……038
ビール ……105	財布 ……070	ボタン ……113	黄・イエロー ……058

ジャンル別INDEX

金・ゴールド	061
銀・シルバー	061
灰色・グレー	064
黒・ブラック	064
蛍光色	065
白・ホワイト	077
紺・ネイビー	097
紫・パープル	099
ピンク	107
茶色・ブラウン	110
ボルドー	113
マリンブルー	115
緑・グリーン	117

形・モチーフ

円・丸	048
王冠	048
貝殻	052
カギ・キー	053
逆三角形	060
クラブ♣	064
剣・刀	066
三角形	072
四角形	073
スペード♠	079
ダイヤ◆	082
太陽・日差し	083
月	087
ハート♥	099
×印	103
羽	104
星	113
弓矢	122
四つ葉のクローバー	122

方向

東	105
西	095
南	117
北	059
上	044
下	074
左	106
右	116
前	114
後ろ・後部	045

数字

1	126
2	126
3	126
4	127
5	127
6	127
7	127
8	127
9	127
0	127
ゾロ目	127

音

アラーム・目覚まし時計	041
歌	045
音楽	051
工事	067
声	068
サイレン・警報	070
太鼓	082
チャイム	086
電話の音・着信音	090
拍手	100
笛・ホイッスル	108
ブザー	108
ベル	111
耳鳴り	117
ラジオ	123

自然

池・泉	042
イチョウ	043
岩	044
海	046
オーロラ	049
カエデ	053
影	054
崖	054
川	057
草・芝	062
雲	063
暗闇	064
煙	066
氷	068
彩雲	070
砂漠	071
サボテン	071
地震	074
スギ	079
空	082
太陽・日差し	083
ダイヤモンドダスト	083
滝	083
竹・笹	083
谷	084
洞窟	091
虹	095
沼	097
花	103
羽	104
火	105
光	105
飛行機雲	106
ヒノキ	107
富士山	108
ブルーモーメント	110
ポプラ	113
松	114
ヤシ	120
山	120
夕焼け	121
四つ葉のクローバー	122

天候

雨	040
嵐	041
風	054
雷	056
季節・四季	059
霧	061
曇り・曇天	064
洪水・氾濫	067
竜巻・トルネード	084
春一番	104
雹	107
雪	121

星・宇宙

天の川	040
宇宙	045
日食	095
月食	066
星	113
彗星	078
流れ星	093
牡羊座	051
牡牛座	049
双子座	109
蟹座	055
獅子座	074
乙女座	050
天秤座	090
蠍座	071
射手座	043
山羊座	120
水瓶座	116
魚座	045
太陽・日差し	083
月	087
（下弦の月）	087
（新月）	087
（上弦の月）	088
（満月）	088
（スーパームーン）	088
水星	078
金星	061
火星	055
木星	119
土星	092
天王星	090
海王星	052
冥王星	118

神秘・非現実

悪魔	039
宇宙人・未確認生命体	045
鬼	050
怪物・化物	053
神・仏	056
地獄	073
天国	090
天使	090
ドラゴン・龍	092
人魚	096
仏像	109
野獣	120
UFO	121
幽霊・お化け	121
妖精	122

鏡リュウジ（かがみ・りゅうじ）

Profile●翻訳家、心理占星術研究家。1968年京都府生まれ。国際基督教大学大学院修了。英国占星術協会会員。著書に『鏡リュウジの占星術の教科書』シリーズ（原書房）、『鏡リュウジの占い大事典』（説話社）、訳書に『ユングと占星術』（青土社）など多数。
http://ryuji.tv/

【参考文献】

『鏡リュウジの夢占い』（説話社）／『鏡リュウジの世界のひとり占い』（説話社）／
『運命のサインをよみとく事典』（サンマーク出版）

決定版 幸運を招く！
鏡リュウジの予兆【サイン】事典
2019年3月20日　初版発行

著者	鏡リュウジ
編集	内田恵三
発行人	木本敬巳
発行・発売	ぴあ株式会社
	〒150-0011 東京都渋谷区東1-2-20 渋谷ファーストタワー
	編集　03 (5774) 5262
	販売　03 (5774) 5248
印刷・製本	中央精版印刷株式会社

JASRAC 出 1901952-901

©Ryuji Kagami 2019 Printed in Japan
ISBN 978-4-8356-3911-6

乱丁・落丁はお取替えいたします。
ただし、古書店で購入したものについてはお取替えできません。

STAFF

カバーデザイン	齊藤穂
	[bicamo designs]
イラスト	くのまり
本文	江原レン
アートディレクション	[株式会社 mashroom design]
本文デザイン	青山奈津美
	[株式会社 mashroom design]
DTP	中井有紀子
	[SOBEIGE GRAPHIC]
編集制作	山田奈緒子、永瀬翔太郎
	[株式会社説話社]、宮崎彩子